LESE®BUCH 2

Was ist ein LESE®BUCH?

Die Leser der beiden großen Zeitschriften „Reisemobil International" und „Camping, Cars & Caravans" freuen sich jeden Monat über wertvolle Tipps für Technik, Praxis und Reisen. Auf Tipps für die schönste Urlaubsform überhaupt.

Und diese Leser sammeln Erfahrungen. Auf Reisen, mit Kindern und Tieren, auf dem Stellplatz oder Campingplatz, beim Selbstausbau ihres Freizeitfahrzeugs, am Clubstammtisch usw. Diese Erfahrungen können sie jetzt hautnah weitergeben. Denn der DoldeMedien Verlag unterstützt sie dabei mit der neuen Buchreihe LESE®BUCH. Dank Internet und elektronischem Druck lassen sich auch kleine Auflagen einem großen Publikum zugänglich machen.

Von der Reisebeschreibung, die in der Schublade schlummert, über Tipps für Kids aus Urlaubsreisen (Wie bastelt man eine Pfeife aus Weidenstöcken? Was spielt man mit Kids an Regentagen?) bis hin zur Dokumentation vom Selbstausbau eines VW-Bullis, zum Roman, der schon lange im Kopf kreist, oder zum Gedichtsbändchen, in dem sich was auf Camping reimt: Alles ist möglich. Das DoldeMedien LESE®BUCH möchte keinen Literaturpreis gewinnen, sondern Erfahrungen, Tipps und Unterhaltung weitergeben. Ganz direkt und von privat an privat.

Die schreibenden Leser senden einfach ihr Manuskript mit/ohne Bilder an den DoldeMedien Verlag (egal wie viele Seiten oder Bilder). Dort wird gesichtet und – wenn für geeignet empfunden – das nächste LESE®BUCH geboren. Wie zum Beispiel dieses.

Viel Spaß beim Schmökern und beim Schreiben wünscht Ihnen das LESE®BUCH-Team.

DoldeMedien
VERLAG GMBH

I MPRESSUM

Copyright: © 2003 by DoldeMedien Verlag GmbH, Postwiesenstr. 5A, 70327 Stuttgart

Text und Fotos: Hans-Georg Sauer
Herstellung: BOD Books on Demand GmbH, Norderstedt

Nachdruck, auch auszugsweise, nur mit ausdrücklicher Genehmigung
des Verlags und mit Quellenangabe gestattet. Alle Angaben ohne Gewähr.
PRINTED IN GERMANY · ISBN 3-928803-23-9

Hans-Georg Sauer

Der vierte Versuch

Mit dem Wohnmobil zum Nordkap

Meiner Frau Helga gewidmet

Das Nordkap – Ziel erreicht im vierten Versuch

Boppard im Sommer 2003

Zuvor

Bücherschreiben ist weder mein Beruf noch fühle ich mich dazu berufen. Mehrere Skandinavienreisen und die starken Eindrücke dabei veranlassten mich jedoch, das Erlebte aufzuschreiben. Angeregt wurde ich dazu auch dadurch, dass man meinen Reiseschilderungen stets sehr interessiert zuhörte. Nicht zuletzt das aufmunternde Drängen einiger Kollegen führte schließlich dazu, dass ich mich als Autor versuchte.

Bei all denen, die zum Gelingen beigetragen haben, möchte ich mich bedanken. Besonderen Dank sage ich meiner Frau Helga, die bei all den Touren meine Launen ertragen hat, mich beim Zusammenstellen der Einzelheiten sehr unterstützte und meine Erinnerung dabei auffrischte. Mein Dank geht auch an meinen Freund Antonius J. Dommers, der mich mehrfach ermunterte, das Erlebte in einem Manuskript niederzuschreiben und der mir dann half, dieses kleine Buch daraus zu machen.

Dieses Buch ist also keine herkömmliche Reisebeschreibung. Es sind die Reiseerlebnisse festgehalten von den Reisen nach Dänemark, Schweden und Norwegen. Sollte ich mit dem Text auch Leserinnen und Leser unterhalten oder zu einer Nordlandreise angeregt haben, dann würde mich das sehr freuen.

Hans-Georg Sauer

Der vierte Versuch

Ich habe einen Traum: Ich bin am Nordkap. Immer wieder träume ich, einmal im Leben das Nordkap zu erleben. Mehrere Versuche habe ich unternommen, um diesen Traum zu verwirklichen. Dieses Jahr ist es endlich so weit. Begonnen hat es Heilig Abend 2000.

Es ist Bescherungszeit, Geschenke werden ausgepackt, die weihnachtliche Stimmung ist auf dem Höhepunkt und kaum noch zu steigern, als ich mein Geschenk von Helga bekomme. Ein größeres Paket wechselt von meiner Frau zu mir mit der Bemerkung: „Mein Geschenk für dich. Frohe Weihnachten. Ich hoffe es gefällt dir." Nun, die Verpakkung sieht sehr ansprechend aus. Wenn der Inhalt dem auch noch entspricht, kann ich bestimmt zufrieden sein. Das Rascheln des Papiers übertönt fast die Weihnachtsmusik aus der Stereoanlage. Glockenläuten aus Rheinland-Pfalz – wie jedes Jahr. Aha, kenn ich doch, das hatten wir vor ein paar Jahren schon einmal. Aber es war, so glaube ich, an einem Geburtstag, oder? Jedenfalls, einen Aktenkoffer bekam ich schon einmal geschenkt. Na ja, ich brauche wirklich einen neuen. Zumindest für die Personalratsarbeit. Umständlich packe ich weiter aus. Schließlich ist es ein wirklich schönes und wertvolles Stück. Die silberfarbenen Verschlüsse geben auf Daumendruck mit einem lauten Klack die Verriegelung frei. Langsam hebe ich den Deckel mit den vielen aufgenähten Fächern für diverse Utensilien hoch. Ich schaue dabei in einen gelbschwarz gefütterten, gut riechenden Aktenkoffer. Die obligatorische Weihnachtskarte mit den Angaben, wer wem frohe Weihnachten wünscht, sehe ich auch im Koffer liegen, denke ich. Doch ich muss den Text dreimal lesen bis ich begreife, was dort geschrieben steht. Ich glaube, die ganze Familie amüsiert sich über meinen Gesichtsausdruck, den ich bei dem Versuch mache, den Umfang und Inhalt der Weihnachtskarte zu verstehen. Ein super Gefühl steigt aus der Magengegend hoch, wird im Brustkorb immer breiter und so dick, dass der Hals nicht mehr passiert werden kann. Sprechen ist im Moment nicht möglich. Zeit gewinnen. Gedanken sortieren. Das gibt es nicht. Da steht doch tatsächlich... Oder habe ich mich etwa verlesen? Schnell noch einmal... Es stimmt tatsächlich. Wir fahren im nächsten Urlaub nach Norwegen – zum Nordkap.

Kaum dass ich begriffen habe, was da eben geschehen ist, fange ich an zu planen. Die Reiseroute ist binnen fünf Minuten im Kopf schon fertig. Auch dass wir bei dieser Fahrt über die neue Öresundbrücke fahren, steht eigentlich jetzt schon fest. Selbst die Landkarte von Norwegen muss heute Abend noch herbei, und die Kilometer werden auch noch mit etwas um die achttausend geschätzt. Schlafen? Heute? Nein, das ist nicht möglich. Bei so vielen Gedanken... Und was ich noch alles planen muss... Es wird sehr spät, bis ich ins Bett gehe. Nordkap... Wie viel Gas muss ich mitnehmen? Norwegen... Einfuhrgenehmigung für Charly... Was kostet der Diesel? Schweden... Irgendwann schlafe ich dann doch noch ein.

Erster Weihnachtstag. Ich bin der Erste, der aufsteht, und kann kaum erwarten, es der ganzen Welt mitzuteilen: Wir fahren Richtung Nordkap. Alle, die es hören wollen, aber auch die, die es nicht hören wollen, bekommen es erklärt: Wir fahren Richtung Nordkap.

Weihnachten, die Feiertage und das alte Jahr gehen irgendwie zu Ende. Endlich komme ich wieder mit den Arbeitskollegen zusammen. Was die noch nicht wissen: Wir fahren Richtung Nordkap. Jetzt wissen sie es – fast alle. Ab jetzt höre ich immer öfter: „Du nervst." Ich glaube ja auch, dass ich nerve. Es vergeht kein einziger Tag, an dem ich nicht zumindest an Norwegen denke. Meistens bin ich am Planen oder am Bewältigen von – zugegeben selbst gemachten – Problemen.

Die Ausarbeitung der Reiseroute beim ADAC brauche ich noch nicht zu bestellen. Das geht mit aktuellen Daten erst ab März. Aber nach dem Reifenprofil schau ich mal. Am besten sofort. Helga, kann man Hundefutter auch einkochen? Ich besorge sofort Konservendosen zum Selbsteinkochen. Du weißt schon welche – die für die Hausmacher Wurst. Koni kocht auch alles in diesen Dosen ein, bevor er mit dem Schiff einen Segeltörn unternimmt. „Du drehst noch durch. Um den Hund kümmere ich mich selbst," meint meine genervte bessere Hälfte. Na ja, so eine Dosenzumachmaschine hat mein Bruder ja. Und in Gläser einkochen bedeutet viel zu viel Gewicht. Stimmt – Gewicht! Fahrräder mitnehmen geht nicht. Es sei denn ich...

So oder so ähnlich verläuft jeder Tag. Und wenn mich wirklich kein Gedanke an Skandinavien beschäftigt, dann gibt es schließlich immer noch das Internet. Ganz toll ist diese Erfindung. Man geht mal schnell zur norwegischen oder schwedischen Botschaft oder surft mal kurz bei einem Reisebüro vorbei. Noch besser, ich abonniere direkt die Neuwesletter. Dann verpasse ich auch wirklich nichts. Selbstverständlich von Norwegen und Schweden und auch von Dänemark, dort fahren wir schließlich auch durch. Wie steht denn diese Währung? Apropos Währung – die steht in der Rhein-Zeitung. Sofort laufe ich hinunter in die Küche. „Helga, wo ist die Zeitung mit den Währungen?" „Die hast du doch erst gestern nachgesehen. So schnell verändern die sich doch auch nicht. Außerdem haben wir erst Januar."

Irgendwann im März. Ich werde nach Feierabend zu Hause von Helga mit einer sehr wichtigen Neuigkeit empfangen: „Mein Urlaub ist genehmigt und das Datum steht auch schon fest. Wenn nichts Unvorhergesehenes mehr dazwischenkommt, habe ich vom 11. Juni bis 9. Juli frei." Sofort greife ich zu meinem Terminkalender und trage den eben erfahrenen Zeitraum mit einem langen und durchgehenden Strich ein. Und da ich den Kalender gerade in der Hand habe, fange ich an zu zählen. Eine niederschmetternde Zahl habe ich da ermittelt. Ich zähle noch einmal... Aber es stimmte vorhin schon. Wir müssen noch siebenundneunzig Mal schlafen bis zur Abreise. Ab sofort wird jeden Tag festgestellt, wie lange es noch dauert. Meine Frau will mir gar ein Maßband geben, damit ich jeden Tag einen Zentimeter abschneiden kann. Man darf ja den Überblick nicht verlieren. Damit das wirklich nicht passiert, gebe ich diese Daten im Computer in den Outlook-Kalender ein. Der stellt jeden Tag aufs Neue die aktuelle Zahl automatisch fest. Dieses Vorgehen erinnert mich an die Kinderzeit, als wir vor Weihnachten auch gezählt haben, wie oft wir noch schlafen müssen, bis das Christkind kommt. Siebenundneunzig Mal werden wir noch wach, heißa dann ist Reisetag...

Nun ist es konkreter. Die Vorbereitungen gehen ab sofort nach einem genauen Zeitplan voran. Wir kennen jetzt auch das Datum, um die Sondereinfuhrgenehmigung für Dackel Charly bei der schwedischen Botschaft zu beantragen.

Zweiundachtzig Tage noch. Beim ADAC wird mir die Reiseroute berechnet und ausgedruckt. Ich bekomme eine ganze Mappe voller Prospekte und Reiseunterlagen, woraus wir alles Mögliche ablesen können. Sehr wichtig ist die Information, dass wir die skandinavische „Campingcort" nicht extra kaufen müssen. Unser internationales „Campingcarnet" reicht völlig aus. Das spart doch einiges. Auch Umrechnungstabellen für die einzelnen Währungen sind in dem Info-Paket.

Noch achtundsechzig Mal schlafen. Alles ist im Eimer. Nordkap ade. Schluss mit Skandinavien. Wegen der Maul- und Klauenseuche gibt es erhebliche Probleme mit der Einreise nach Dänemark. Alle Fleisch und Wurstwaren sowie Milch und Milchprodukte dürfen nicht eingeführt werden. Insbesondere die Einfuhr von Hundefutter ist mehr als problematisch. Und Hundefutter müssen wir halt von zu Hause mitnehmen, da unser Charly ja Spezialfutter benötigt. Bemerkenswert ist die Tatsache, dass Deutschland für Dänemark als MKS verseucht gilt, für Schweden jedoch nicht. Das bedeutet, Umwege fahren oder Fähren benutzen zu müssen. Egal, ob ich die Zeitung lese, Nachrichten höre oder ins Internet schaue, die Informationen sind überall dieselben: Dänemark bleibt für uns tabu. Oder der Dackel bleibt zu Hause. Das kommt aber nicht noch einmal in Frage. Das hatten wir schon mal. Das kennen wir noch vom ersten Versuch. Apropos.

Erster Versuch

Es sind jetzt sieben Jahre her, seitdem wir zum ersten Mal das Nordkap als Urlaubsziel auserkoren hatten. 1994 liehen wir uns ein fast neues Wohnmobil in Dieblich. Es war ein Elnagh auf einem Ford-Transit-Fahrgestell. Ich glaube, als wir losfuhren hatten wir maßlos überladen. Aber in der Euphorie dachten wir an alles andere, nur nicht an das höchstzulässige Gesamtgewicht des Fahrzeugs. Egal, wir durchfuhren Deutschland in einem Ritt bis nach Puttgarden. Dort verschwanden wir im großen dunklen Bauch der Autofähre nach Dänemark. Zu unserem Erstaunen, wir erlebten dieses Fährefahren zum ersten Mal, verschwanden nicht nur Wohnmobile und Pkw im Innern des Schiffes, sondern auch Lastwagen, ja sogar ganze Eisenbahnzüge. Vor lauter Staunen und Schauen kam uns die einstündige Überfahrt wie ein viel zu kurzes Ereig-

Erster Versuch Nordkap – mit einem gemieten Elnagh auf Transit

nis vor, das nur einige Minuten gedauert hatte.

In Dänemark spuckte uns die Fähre wieder an Land. Und nach gut einhundertsiebzig Kilometern erreichten wir bei Helsingör die nächste Fähre. Diese Überfahrt dauerte nur zwanzig Minuten, und wir befanden uns auf der gegenüberliegenden Seite des Öresunds. Helsingborg heißt diese schwedische Küstenstadt, die schnell in nordöstlicher Richtung durchfahren wird.

Kaum zu glauben. Wir waren wirklich in Schweden. Irgendwie hatte ich das Gefühl, alles ist anders. Leichter, weiter und größer. Vor allen Dingen aber angenehmer. Überwältigt von diesen vielen neuen Eindrücken durfte ich das Fahren nicht vergessen. Zwar ist die Höchstgeschwindigkeit auf achtzig Kilometer pro Stunde begrenzt und die Straße sehr breit. Doch wo es so viel zu sehen gibt ist man leicht abgelenkt. Der Vätternsee war jetzt zu unserer Linken. Dieser soll der zweitgrößte See Schwedens sein. Stundenlang fuhren wir an seinem Ufer entlang, bis unser Weg an der Nordspitze Richtung Örebro weitergeht.

Stockholm liegt jetzt auf gleicher Höhe östlich von uns. Ein Abstecher wäre ganz interessant gewesen, aber dafür reichte leider die Zeit nicht. Vielleicht, nein bestimmt, beim nächsten Mal besuchen wir die

Am Ufer des Vätternsees

Hauptstadt von Schweden. Weiter ging es über Borlänge, Mora, Sveg nach Östersund.

Kaum zu glauben, und es ist auch fast nicht vorstellbar, aber in dem riesigen und dünn besiedelten Land kann man sich richtig verfahren. Ja tatsächlich, das passierte uns wirklich an der einzigen größeren Kreuzung in Östersund. Nun, was soll's. Bei den vielen Kilometern. Nach einem nicht allzu großen Umweg setzten wir unsere Reise fort. Nächstes Etappenziel war die Stadt Störuman. Hier verließen wir die „B"45 und folgten der „E"12 in nordwestlicher Richtung nach Mo I Rana. Habt ihr schon einmal solche Wasserfälle gesehen und dann auch noch so viele? Wahnsinn. Am ersten hielten wir sofort an und wurden kaum fertig mit Filmen und Fotografieren. Wenn wir gewusst hätten, wie viele uns auf der weiteren Fahrt noch vor die Linse kamen.

Norwegen. Ehrlich, das Überqueren der Grenze hatten wir kaum bemerkt. Kein Zöllner, noch nicht einmal eine Einrichtung, die auf einen Grenzübergang schließen ließ. Nur die Mittelmarkierung auf der Straße war jetzt nicht mehr weiß, sondern gelb. Irgendwie hatte ich das Gefühl, die Landschaft war jetzt rauer oder derber. Aber wir waren endlich in Norwegen.

In Mo I Rana trafen wir auf die Europastraße 6, die Nord-Süd-Verbindung zwischen Oslo und dem Nordkap. Wer aber glaubt, hier auf eine Superstraße zu treffen, der irrt gewaltig. Nichtsdestotrotz, weiter ging's nach Norden durch eine Gegend, die man getrost als Mondlandschaft bezeichnen kann. Die Baumgrenze hatten wir immer wieder einmal überschritten und festgestellt, dass die Vegetation hier als sehr spärlich beschrieben werden kann.

Wir waren am Polarkreis. Auf der Landkarte eine gestrichelte blaue Linie, die eigentlich nur bedeutet, dass in der Nacht vom 21. auf den 22. Juni die Sonne nicht untergeht, also nicht hinter dem Horizont verschwindet. Einmal im Jahr kann man an dieser Stelle die Mitternachtssonne beobachten. Wenn sie dann auch scheint und nicht hinter Wolken verborgen ist. Aber es war kurz vor Mittag und sowieso hell. Übrigens, dunkel wurde es nachts nicht mehr, seitdem wir nördlich von Borlänge waren. Die nächste Nacht verbrachten wir auf einem Campingplatz bei Fauske. Leider hatten wir trübes Wetter, so dass die Mitternachtssonne für diesen Tag ausfiel. Als wir unser nächstes Nachtlager in Bognes aufschlugen, gesellten sich zwei Paare mit ihren beiden Wohnmobilen zu uns. Wir kamen schnell ins Gespräch. Wo kommt ihr her, wo fahrt ihr hin? Das ist als Unterhaltungsanfang immer wieder ein sehr beliebtes und unverfängliches Thema. Dabei stellte sich schnell heraus, dass unsere Campingnachbarn aus dem Ruhrgebiet waren und geradewegs vom Nordkap kamen. Vorlieben, Tipps und gute Ratschläge wurden massenweise in beide Richtungen ausgetauscht. Dabei bekamen wir den gut gemeinten Rat, nicht zum Nordkap zu fahren. Weil, so erzählten uns die Wohnmobillisten, es erstens noch mindestens achthundert Kilometer bis dorthin seien. Und außerdem seit wenigstens fünf Wochen diesiges Wetter dort vorherrsche, so dass man zwar das Nordmeer rauschen hören, es aber vor lauter Dunst nicht sehen könne. „Wenn ihr nach Hause kommen und prahlen wollt, ihr wärt am Nordkap gewesen, dann fahrt weiter. Wenn ihr aber wunderbare Naturschauspiele sehen wollt, dann haben wir einen interessanten Tipp für euch. Fahrt zurück nach Bodö, dort kauft ihr für zwanzig Mark auf dem Fremdenverkehrsbüro ein Checkheft für die 'Route siebzehn'. In diesem Heft befinden sich Wegbeschreibung, Landkarten und Fährfahrscheine, die für die weitere

14

Fahrt auf dieser Straße sehr nützlich sind. Diese Küstenstraße verläuft die Fjorde entlang von Bodö bis Steinkjer. Dort werdet ihr das richtig wild romantische Norwegen erleben." Wir diskutierten noch einige Zeit über dieses und jenes und verabschiedeten uns mit einem „Gute Nacht und gute Fahrt!" von unseren Nachbarn.

Helga und ich hatten an diesem Abend noch sehr viel Gesprächsstoff. Nordkap oder nicht. „Route siebzehn" oder nicht. Es wurde sehr spät, doch die Entscheidung fällten wir noch. Wir fahren Richtung Süden. Die Leute aus dem Ruhrgebiet hatten uns ganz schön neugierig gemacht auf diese Straße Nummer Siebzehn. Also fanden wir uns am nächsten Tag in Bodö beim Kauf dieses Checkheftes wieder. Natürlich nutzten wir die Gelegenheit und schauten uns die Hafenstadt an, von der aus die Fähren zu den Lofoten auslaufen. Sehr interessante Schiffsmodelle aus der Wikingerzeit konnten wir im Museum bewundern, bevor wir uns am Saltstraumen vorbei auf die viel gepriesene Straße Richtung Süden begaben.

Wild und romantisch – so kann man wirklich diese Gegend beschreiben. Vor allen Dingen wild. Die Fjorde, an denen wir jetzt ausgiebig entlangfahren, sollen, so steht es in der Beschreibung, von Gletschern herrühren, die sich von den Bergen Richtung Meer bewegt haben. Dabei haben sie den Untergrund so tief ausgeschliffen, dass das Wasser hier teilweise bis zu eintausend Meter tief ist. An diesen Fjordufern führt die Straße entlang, die teilweise aus dem harten Fels herausgesprengt wurde und nicht viel breiter ist als unser Wohnmobil selbst. Wenn uns andere Fahrzeuge entgegenkamen, so blieb uns nur die Möglichkeit, in eine der eigens dafür vorgesehenen Ausweichbuchten zu fahren. Manchmal waren diese so weit voneinander entfernt, dass man nicht von einer zur anderen sehen konnte. Dafür gibt es aber massenweise Kurven. Da unser Wohnmobil keine Lenkhilfe besitzt, bekam ich immer dickere Oberarme. Sehr oft mussten wir trotz bestem Sonnenscheinwetter die Scheibenwischer anschalten, da sich von einem Felsvorsprung ein tosender Wasserfall über die Straße hinweg ins Meer stürzte. Es ist schon etwas Besonderes, unter einem Wasserfall hindurch zu fahren. Für Helga war es bei all diesen ständig auf uns einprasselnden neuen Eindrücken wirklich schwer und stressig. Ständig boten sich uns neue

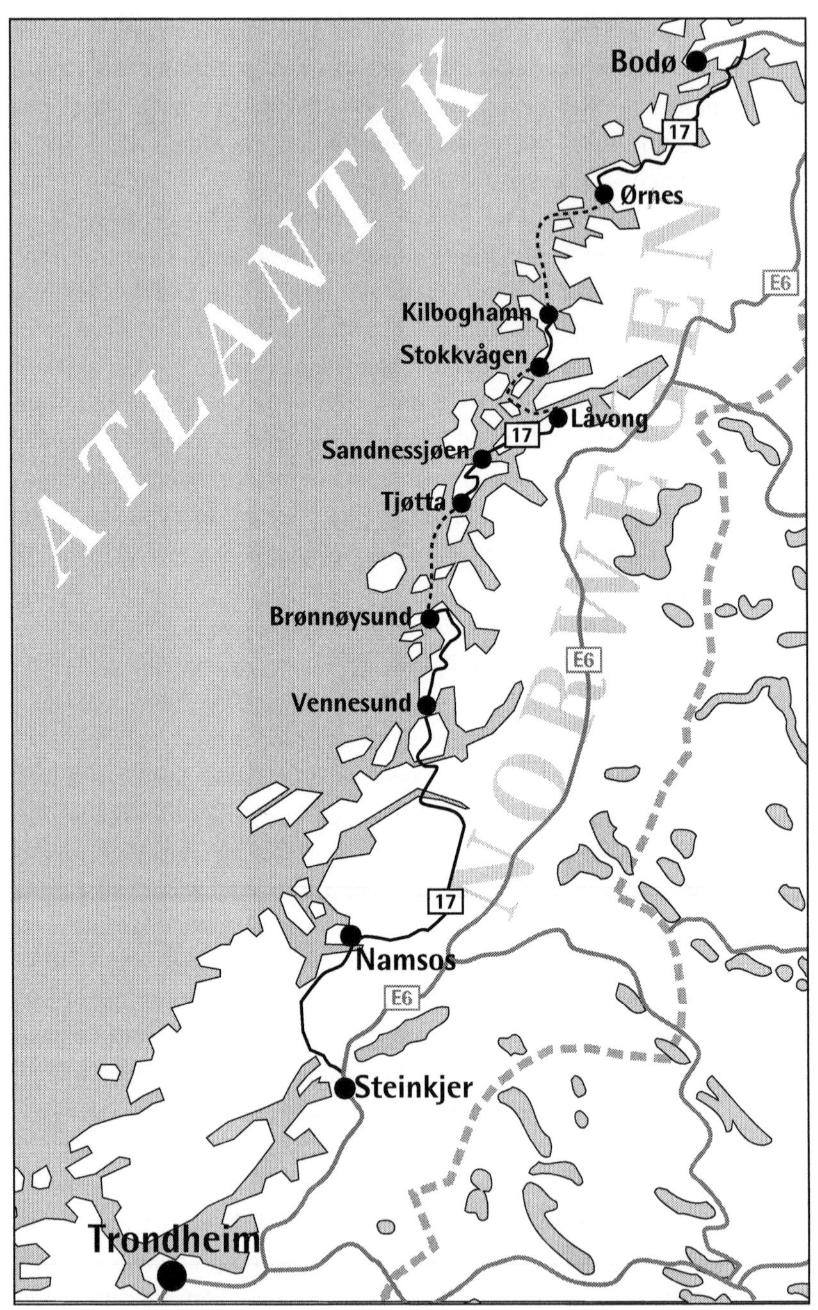

ATLANTIK
NORWEGEN
Bodø
17
Ørnes
E6
Kilboghamn
Stokkvågen
Låvong
17
Sandnessjøen
Tjøtta
Brønnøysund
E6
Vennesund
17
Namsos
E6
Steinkjer
Trondheim

und interessante Fotomotive. Jedes Mal anhalten, um zu fotografieren oder mit der neuen Videokamera zu filmen, das ging nicht. Wir wären nie mehr zu Hause angekommen.

Deshalb hatte Helga den Fotoapparat und die Videokamera ständig schussbereit auf ihrem Schoß liegen, damit sie bei entsprechender Gelegenheit aus dem fahrenden Auto die Motive festhalten konnte. Ab und zu lief sie auch schon einmal nach hinten, hier konnte sie dann aus dem Seiten- oder Rückfenster ein Bild einfangen. Am Ende hatten wir die Erlebnisse auf sechs Stunden Video und zwölf Fotofilme gebannt. Gerade erlebten wir, dass hier an einem Fjord die Kirschen geerntet wurden, als unsere „Route siebzehn" die Küste verließ und sich per Serpentinen in die Höhe schraubte. Das war aber steil und kurvig. Doch wir staunten nicht schlecht, als uns hier oben mitten im Sommer ein frisch zugefrorener See empfing. Auch große Schneefelder durchfuhren wir beim Überqueren dieses Bergrückens. Wir hielten an und überzeugten uns davon, dass das wirklich Schnee und Eis war, wo doch eben vor zwanzig Minuten noch Kirschen gepflückt wurden. Die Gelegenheit war günstig. Ein Konservenglas wurde mit Schnee gefüllt. Jetzt hatten wir ein Mitbringsel für Edith. Sie hatte darum gebeten, in der Meinung, einen unerfüllbaren Wunsch geäußert zu haben. Ich glaube in diesem Teil der Welt ist nichts unmöglich. Aber, wir mussten weiter.

Nach einer Weile wurden wir auf unserer weiteren Fahrt von einem dunklen Tunnel verschluckt. Der raue und unverkleidete Fels schluckte fast jedes bisschen Helligkeit. Wir hatten das Gefühl, die Scheinwerfer unseres Fahrzeugs seien defekt. Auch tropfte es aus allen Poren, so dass die Scheibenwischer ihre Arbeit aufnehmen mussten. Da, ganz vorne war das Ende des Tunnels zu sehen. Jedenfalls wurde es dort hell. Doch wir wurden nach und nach eines Besseren belehrt. Es waren die Lichter von einem entgegenkommenden Lastwagen. Die nasse Dunkelheit begleitete uns noch einige Zeit weiter, bis wir nach mehr als acht Kilometer das Licht des Tages wieder erblickten. Ich glaube, wir atmeten beide erleichtert tief durch.

Durch scharfe Kurven fuhren wir die nächsten Serpentinen wieder dem Meer entgegen. Feierabend! Für diesen Tag war es genug. Wir übernachteten auf einem Campingplatz direkt am Fjord. Kaum hundert

Meter auf der linken Seite neben unserem Stellplatz rauschte das tiefblaue Meer. Rechts neben unserem Wohnmobil floss ein kristallklarer Bach laut plätschernd in den Fjord. Gegenüber stürzten sich vier Gischt sprühende Wasserfälle mit lautem Getöse in die Tiefe. Wenn ich eine Ansichtskarte malen müsste, es könnte mir nichts Besseres einfallen. Hier gefiel es mir so gut, dass ich nicht mehr weg wollte. Ich könnte mir jetzt sehr gut vorstellen, den Lebensabend dort zu verbringen. Diese Ruhe, dieses Panorama ließen mich die Welt um uns herum vergessen. Aber eine Steigerung gab es dennoch. Fast hätten wir sie verpasst. Wir bemerkten gar nicht, dass es schon Mitternacht war, denn die Sonne stand immer noch am Himmel. Wie ein Trichter öffnete sich der Fjord nach Westen, und genau mittendrin am Horizont, zwei Finger breit über dem Wasser, schlug die Sonne einen Haken und begab sich auf ihrer Laufbahn wieder nach oben. Wovon andere nur träumen, wir erlebten es – die Mitternachtssonne. Jetzt weiß ich, warum die Leute uns diese Route empfohlen hatten.

Wir konnten uns von diesem schönen Stück Erde kaum trennen, aber wir mussten weiter, weiter auf der „Route siebzehn" Richtung Süden. Was wird uns noch alles erwarten? Die kurvenreiche Fahrt ging weiter, an hohen Felsen und tosenden Wasserfällen auf der einen und lang gezogenen Fjorden auf der anderen Straßenseite entlang. Plötzlich, hinter einer der vielen Kurven, endete die Fahrbahn geradewegs am Wasser. Es gab für uns, da wir kein Amphibienfahrzeug hatten, nur eine Möglichkeit: warten bis eine Fähre kommt. „Da drüben, auf der anderen Fjordseite, ganz weit weg, das könnte eine Fähre sein. Ganz klein ist sie noch und braucht sicherlich noch mindestens eine Stunde, bis sie hier ist." Helga kochte uns einen Kaffee, während sich noch andere Verkehrsteilnehmer zu uns gesellten, die auch auf die andere Seite wollten. Wir kamen ins Gespräch mit ihnen und man erklärte uns, dass jetzt die Fahrscheine aus dem Heftchen, das wir in Bodö erstanden hatten, zum Zuge kommen würden. Es war so weit. Die Fähre hatte angelegt, und nachdem die Fahrzeuge, die von der anderen Seite kamen, das Schiff verlassen hatten, waren wir an der Reihe. Ich hätte nicht gedacht, dass alle Autos auf die Fähre draufpassen. Aber es war doch noch viel Platz, als wir losfuhren. Auf der anderen Seite des Fjords führte die Straße in

Campingplatz mit Postkartenidylle: Mitternachtssonne über dem Fjord

gleicher Weise fort wie bisher. Kurve an Kurve. Serpentine an Serpentine. Tunnel an Tunnel. Einen Tunnel ganz besonderer Art erlebten wir auch noch. Wir fuhren oben auf dem Berg wie schon gewohnt in das schwarze Loch hinein, aber jetzt ging es im wahrsten Sinne des Wortes rund. Tatsächlich schraubte sich diese Röhre mit einer Drehung um mehr als dreihundertsechzig Grad in das Tal. Irgendwo zwischendurch kamen wir auch noch an Galerien vorbei, so dass uns bei der Fahrt ein Blick ins Freie gestattet war.

Es war nun Zeit, einen geeigneten Platz zum Übernachten zu suchen. Bei intensivem Studium unseres Campingführers entdeckten wir einen interessanten Stellplatz ganz in der Nähe. Die Wegbeschreibung unseres Buches führte uns an ein sehr einsam stehendes Hotel mit Campingplatz. An der Rezeption meldete ich mich in üblicher Manier an und erhielt einen Schlüssel für die Sanitäranlage mit der Auskunft, dass wir noch ein Stückchen die Straße weiterfahren müssten, um auf den angepeilten Campingplatz zu gelangen. In freudiger Erwartung auf einen geruhsamen Abend bogen wir auch schon bald auf den uns angewiesenen Platz ein, und stellten erstaunt fest, dass wir die einzigen Gäste vor Ort waren. Ein sehr ruhiges und absolut sauberes Domizil fanden wir hier und richteten uns für die kommende Nacht ein. Da es noch sehr warm war, öffneten wir alle Fenster am Wohnmobil, indem wir sie bis zur Waagerechten hochklappten. Ein Elch, ein Elch, ein Elch, flüsterte Helga ganz leise und sehr aufgeregt. Ich begriff erst gar nicht, was meine Frau wollte. „Hol den Fotoapparat! Schnell, schnell, ein Elch. Nun mach doch schon, beeil dich doch." Und tatsächlich, da schaute doch wirklich ein ausgewachsener Elch bei uns zum Fenster hinein. Natürlich erschreckte sich das Tier bei unserer Hektik und rannte augenblicklich davon. Sein Hinterteil konnte ich noch mit der Kamera erwischen. Doch ich war einfach zu langsam. Junge, Junge, war das ein Erlebnis. Wenn das so weiter geht. Und dabei soll man noch ruhig schlafen, wo es sowieso nicht dunkel wird. Was wird der morgige Tag uns wohl bringen?

Nach einer sehr stillen und ruhigen Nacht nahm uns am nächsten Morgen die „Route siebzehn" mit all ihrer Schönheit wieder in ihren Bann. An einem Parkplatz entdeckten wir um die Mittagszeit eine Reklametafel, auf der eine Schiffstour angeboten wurde, die angeblich die schönste in der Gegend sein sollte. Diese Gelegenheit wollten wir wahrnehmen, schlossen das Auto ab und begaben uns an den Schiffsanleger. Hier lösten wir die Fahrkarten und erfuhren, dass die Fahrt zu dem großen Svartisen Gletscher geht. Mit dreihundertsiebzig Quadratkilometern reinem Eis ist er der zweitgrößte in Norwegen. Das Boot wurde schon bald von uns und den anderen Fahrgästen erobert, und ab ging die Post in Richtung Fjordende. Das Schiff blieb ca. eine Stunde an einem Anleger liegen, damit, wer wollte, einen Fußmarsch zum Gletscher unternehmen konnte. Ich überredete meine Frau, auf dem Schiff zu bleiben, denn eine faszinierende Entdeckung veranlasste mich zu diesem Entschluss. In der Ferne – und scheinbar noch von niemand anderem gesehen – kam ganz langsam und majestätisch ein „Traumschiff" auf dem Fjord um die Felskante herum auf uns zu. Es war die aus der Fernsehserie bekannte „MS Berlin". Sie hielt dann tatsächlich auf gleicher Höhe wie wir vor dem Gletscher. Wir konnten ganz aus der Nähe beobachten, wie die Kreuzfahrer in kleinen Booten aufs Wasser und dann an Land gebracht wurden. Als ich die Augen schloss, mir eine Ansichtskarte vorstellte und dann die Augen wieder öffnete, konnte ich kaum einen Unterschied feststellen. Malerischer konnte wirklich keine Postkartenidylle

Traumschiff „MS Berlin" vor dem Svartisen Gletscher

sein. Die schneebedeckten, steil abfallenden Felswände. Das sonnige Wetter mit dem strahlend blauen Himmel. Das grünblaue, klare Wasser. Der kalbende Gletscher. Dann die beiden Schiffe. Und Helga und ich mittendrin. Das dürfte nie zu Ende gehen. Aber irgendwann wurde ich aus meinen Träumen geweckt, die Stunde Landgang war um und das Ausflugsboot brachte uns zum Ausgangspunkt zurück, wo wir immer noch ganz benommen von dem Erlebten das Wohnmobil wieder bestiegen und die Urlaubsreise fortsetzten.

Wir querten, ohne es zu bemerken, nach einigen Kilometern, während einer Überfahrt mit einer Fähre, den Polarkreis. Erst am Abend, als wir die Tagesstrecke aufzeichneten, stellten wir das fest. Uns wurde bewusst: Die Mitternachtssonne würden wir jetzt nicht mehr sehen – auch bei bestem Wetter nicht.

Bei Nesna übernachteten wir an diesem Tag auf einem einsamen Campingplatz an den Schären. Das schöne Wetter schien eine Pause zu brauchen. Es wurde leicht diesig, und die Luftfeuchtigkeit war auch gestiegen. Nun ja, morgen war ein neuer Tag. Ich wurde wach von dem Getröpfel des leichten Regens auf das Reisemobildach. Das war der ideale Tag, um meine Angel zum ersten Mal zu testen. Kein Mensch ging nämlich bei diesem Wetter ans Meer, und somit war ich ganz alleine und konnte mich nicht blamieren. Es war der erste Versuch für mich, eine Angel in der Hand zu halten. Dieses gute Stück hatte ich zum Geburtstag von meinen Söhnen bekommen, mit dem wohlgemeintem Rat: „Die schenken wir dir, damit ihr in Norwegen nicht verhungert." Also, ich zog nach dem Frühstück regenfeste Kleidung an, und machte mich wie ein alter Petrijünger auf den Weg. Aber ich lief noch ein Stück die Küste entlang, damit auch wirklich keiner der anderen Campinggäste mich beim Würmerbaden beobachten konnte. Schnell stellte ich fest, dass Zuschauen einfacher war. Nun, irgendwie schaffte ich es, das Gerät betriebsfertig zu machen. Aber aufgepasst, schon oft hatte sich beim Auswerfen der Angelhaken am Hosenboden verfangen. Doch ich genehmigte mir noch eine Pause, denn draußen zwischen den Schären zeigte sich die schon gesehene „MS Berlin". Und zu meiner großen Freude zogen auch noch von rechts und links je ein Postschiff der Hurtigroute an meiner Angelprobierstelle vorbei. War das ein toller Anblick. Aber jetzt ging es los. Allen Mut zusammengefasst, die Angel in die Hände genommen, und weg flog das Blei. Na ja, hätte besser sein können. Jedoch: Was war das für ein Gezottel, die Leine wieder aus dem Wasser zu bekommen mit all diesem Seetang an dem Haken. Irgendwie gelang es mir doch noch. Ich legte gerade wieder alle meine Kraft und all mein Geschick in die Angelrute, als plötzlich und unerwartet die von den eben vorbeigefahrenen Schiffen aufgewühlte Welle mir die Beine wegriss. Der Fels war sehr glitschig und ich rutschte darauf herum. Ich klammerte mich fest an den Fels, um nicht in die Tiefe gezogen zu werden. Verdammtes Glück hatte ich, dass ich nur mit Wasser in den Stiefeln und einem verlorenen Messer davonkam. Zumindest für diesen Tag war die Anglerei vorbei. Sofort nachdem ich meine sieben Sachen zusammengerafft hatte, trat ich ohne Fische und durch und durch nass den Rückzug an. War wohl nichts mit: „Damit ihr nicht verhungert."

Da die weitere Fahrt auf der kurvenreichen und teils sehr steilen „Route siebzehn" zu viel Zeit in Anspruch nehmen würde und zugegeben unserem Fahrzeug ein paar PS und eine Servolenkung fehlten, verließen wir diese bei dem Ort Mosjöen. Die weitere Reise führte nun die E6 entlang Richtung Süden. Es war Mittagszeit und eine Pause hatten

Überwältigendes Schauspiel: der Laxfossen

wir auch verdient. Deshalb bogen wir von der Hauptstraße auf einen großen Parkplatz ab. Welch ein Glück, dass wir dort abgebogen waren. Wir landeten an dem weltbekannten Laxfossen, einem tosenden Wasserfall, an dem die Lachse die Kaskaden hinauf sprangen. Es war überwältigend, diesem Schauspiel zuzusehen. Nur Unterhalten war unmöglich, so laut sprang das Wasser die Felsen hinab. Erst am Auto konnten wir wieder über das Gesehene sprechen, ohne uns anzuschreien.

Spinat, Eier und Salzkartoffeln und hinterher einen Pudding aßen wir, als neben uns ein Reisebus anhielt. Während wir am Tisch sitzend unsere Mahlzeit genossen, strömte die Reisegesellschaft aus dem Bus heraus auf den tosenden Wasserfall zu. Indessen bereiteten der Fahrer und die Reiseleiterin für die durch das lange Sitzen steifen Leute das Mittagessen zu. Aus einem großen Topf, der sich im unteren Teil des Busses befand, wurde Erbsensuppe in die ausgeteilten Plastikteller geschöpft, ein Würstchen und eine Scheibe Brot dazugelegt und dann im Stehen mit ständigem Blick zur Uhr gelöffelt.

Was hatten wir es gut dagegen. Wir machten gleich nach dem Spülen noch ein Mittagsschläfchen, während man sich nebenan wieder in den Bus zwängte. Am Nachmittag besuchten wir noch einen Tier- und

Freizeitpark, der direkt an der E6 lag. Wir waren beeindruckt von den riesigen, mehr als haushohen hölzernen Trollstatuen. Amüsant fand ich die Autoreifenschläuche mit Motor, mit denen die Kinder auf einem Weiher herumfuhren. Ein paar hundert Meter weiter kamen wir in den Genuss, Gold waschen zu können. Die dafür erforderlichen Schüsseln lagen bereit, und einige Eltern mit ihren Kindern sahen sich bestimmt schon als Millionäre. Ich musste unweigerlich an den Film „Goldrausch" denken. Helga und ich widerstanden der Versuchung, schnell reich werden zu können, und setzten unseren Spaziergang durch den Park fort. Vorbei an Schafen, Ziegen, Füchsen und Bären führte der Weg zu einem Elchgehege, in dem auch ein frisch geborenes Elchkalb die ersten Gehversuche unternahm. Irgendwie hatte es den Narren an uns gefressen, denn es verfolgte uns die ganze Zeit am Zaun entlang. Leider ging auch hier die Uhr weiter, sodass wir uns schon bald wieder im Fahrzeug und auf der Straße befanden.

Längere Zeit fuhren wir nun schon auf der E6 an einem Lachsfluss entlang, als wir einen Hinweis lasen, der auf ein Lachsmuseum aufmerksam machte. Lange wurde nicht debattiert bis der Entschluss feststand, dieses zu besichtigen. Der Parkplatz war kostenfrei und das Eintrittsgeld gering. Doch was wir in diesem Museum an Exponaten, Informationen und Bildern vorgesetzt bekamen, ließ uns ganz schön staunen. Auch in eine Außenanlage wurden wir geführt. Hier zeigte man uns unter anderem eine sehr lange Fischtreppe, auf der die Lachse die Staumauer umgehen können. Gleichzeitig funktioniert die Fischtreppe auch als Lachszählgerät. Und tatsächlich war an einem Becken eine Seitenwand aus Glas, so dass wir die darin befindlichen Lachse glasnah beobachten konnten. Über die Staumauer führte uns der Fußweg wieder zurück zum Reisemobil, mit dem wir nun über Steinkjer nach Trontheim fuhren.

Es war Sonntagmittag, als wir in die ehemalige Hauptstadt Norwegens hinein fuhren. Da Trontheim laut unseren Reiseunterlagen einhundertvierzigtausend Einwohner zählen soll, sind wir sehr erstaunt, so wenigen Menschen zu begegnen. Kaum jemand war auf der Straße, obwohl man sich kein besseres Wetter vorstellen konnte. Des Rätsels Lösung liegt ganz einfach an der Gewohnheit der Norweger, sich an freien Wochenenden hinaus aufs Land in das Wochenendhaus zu begeben, um in aller Ruhe und gelöst vom Alltagsgeschehen die Freizeit in der Einsamkeit zu genießen. Wir besuchten den mächtigen Nidaros-Dom. Diese alte Krönungskirche erschien mir so groß und mit so viel Steinmetzearbeit bestückt, als wolle sie die ganze Geschichte Norwegens erzählen. Doch leider – auch hier schien man im Wochenende zu sein. Der Dom war verschlossen. Wir schlenderten die Munke-Gatan hinab und kamen dabei an der Königsresidenz „Stiftsgarden" vorbei, dem größten Holzbauwerk Nordeuropas. Nachdem wir auch diesem Gebäude unsere Aufmerksamkeit geschenkt hatten, lenkten wir unsere Schritte in den malerischen Hafen mit seinen bunten hölzernen Fischerhäusern. Spannend wurde es für mich, als ein Schiff der Hurtigroute anlegte und seine Fahrgäste an Land spie. Zurzeit ist die „Kong Harald" das einzige Postschiff, welches die Pkw per Rampe verladen kann. Die anderen verfrachten die Autos mittels Ladebaum und Stahlseilen in ihren Bauch. Leider verging auch hier in Trontheim die Zeit viel zu schnell. Wir wollten, mussten weiter.

Auf der Europastraße sechs ging es weiter über Oppdal, Dombas bis Otta. Hier verließen wir nun diese Straße und benutzten die Nationalstraße fünfzehn bis nach Lom. In Lom erwartete uns eine sehr alte Stabkirche, die zum Teil noch aus heidnischer Vorzeit stammt. Die Wikinger hatten hier ihre Spuren hinterlassen. Drachenköpfe und sonstige undefinierbare Figuren aus altem Holz zieren das nach Teer riechende Gotteshaus, dessen Decke mit Runen beschrieben ist. Die Bezeichnung Stabkirche leitet man von der Bauweise ab. Die hölzernen Hauptpfeiler bezeichnen die Norweger in ihrer Sprache als Stab. Rund um dieses altehrwürdige Gebäude sind die Gräber der verstorbenen Dorfbewohner angeordnet. Teilweise lasen wir sehr ungewöhnliche Namen. Auch das Datum auf den Grabsteinen und eisernen Kreuzen zeugte von längst vergangenen Zeiten. Nach der ausgiebigen Besichtigung auch des kleinen Städtchens, bekamen wir Hunger und kehrten deshalb zum Auto zurück. Aber, was war das denn für ein Gefährt auf dem unteren Teil des Campingplatzes? Wir standen rätselnd vor einem Lkw-Anhänger, der in den Farben Rot und Schwarz lackiert war und das deutsche Kennzeichen von Passau trug. Was mag das für ein Gerät sein? Des Rätsels

Stabkirche in Lom

Lösung erlebten wir einige Zeit später. Unser Abendessen hatten wir gerade beendet, als ein Reisebus mit der gleichen Lakkierung und dem gleichen Nummernschild auf den Campingplatz einbog. „Gehe doch hinaus. Du drückst wegen deiner Neugierde mit der Nase noch das Fenster kaputt," nörgelte meine Frau – zu Recht natürlich. Aber das Schauspiel ließ mir keine Ruhe, und so zog ich die Kloks an und verschwand, um meine Vorwitzigkeit zu stillen, nach draußen. Ich staunte nicht schlecht, als ich zusah, wie die Busreisenden den Anhänger mit wenigen Handgriffen zu einem Hotel mit ungefähr fünfzig Schlafkabinen umbauten. Der Fahrer und die Reisebegleiterin waren mit Ratschlägen behilflich, und ruck, zuck waren Seitenwände hochgeklappt und Planen eingezogen. Ein Teil, überwiegend weibliche Reisende, waren schon am Kartoffelschälen und Gemüseputzen, um das Abendessen zu richten. Es wurden noch ein paar Tische und Bänke aufgestellt, und für diesen Tag war alles bereit, den Tag abzuschließen. Die Reisenden schienen wirklich recht geschafft zu sein vom Bussitzen, denn nach dem Essen verschwanden die meisten in den kleinen Schlafkabinen, die nicht größer in ihren Abmessungen waren als Särge. Als ich wieder in unserem Wohnmobil war, stellte ich wiederum fest, dass wir doch sehr komfortabel und bequem unserem Reisevergnügen frönen konnten.

Ein Reisevergnügen der besonderen Art erwartete uns am nächsten Tag. Von Lom aus fuhren wir gen Westen. Durch das mystische Hochgebirge Jotunheimen (Heim der Riesen), welches wir nun durchquerten,

26

Schnee im Sommer: Die Sognefjell-Straße im Jotunheimen

führt etwa einhundertvierzig Kilometer lang Norwegens höchste Pass-
straße. Die Sognefjell-Straße brachte uns in eine Höhe bis eintausend-
vierhundertvierzig Meter über dem Meeresspiegel. Die Gipfel um uns
herum reichten bis zu zweieinhalbtausend Meter hoch. Der Fordmotor
unter der Haube musste sich ganz schön abmühen bei diesen steilen
Straßen. Und dann auch das noch. Wir befanden uns, obwohl schon Juli
war, mitten im Winter. Schneewände – höher als ein doppelstöckiger
Reisebus. Nebel, dass man meinen könnte, wir fahren in einer Milchsup-
pe spazieren. Solche Leitpfosten wie hier oben hatte ich auch noch nie
gesehen. Telegrafenmasten mit Bohnenstangen als Verlängerung versuchten oben aus dem Schnee herauszuragen, um den Autofahrern den
Weg durch die Schneewüste zu zeigen. Mulmig kann es einem werden,
bei der Fahrt in diesen engen und tiefen Schneeschluchten. Zwischendurch erlebten wir aber auch, wie die Schneeschmelze an manchen Stellen den blanken Fels schon freigab. Hier schossen wilde Wassermassen
tosend zu Tal. Plötzlich, es war sehr neblig, denn wir befanden uns in
den Wolken, stand vor uns ein Reisebus quer auf der Straße. Ja gibt es
denn so was? Der lud doch tatsächlich so quer auf der Fahrbahn ste-
hend Skifahrer ein. Und das in aller Gemütsruhe.

Irgendwann endet alles einmal, so auch das Sognefjell. Wir waren, schlagartig innerhalb weniger Kilometer, aus dem Winter heraus in den Sommer gefahren. Diese Fahrt erforderte meine ganze Aufmerksamkeit. Serpentinen der besten Art ließen den Abstieg richtig zur Arbeit ausarten. Plötzlich, hinter einer scharfen Kurve, stand eine Herde halbwilder Schafe und Ziegen auf der Fahrbahn. Sie schienen sich einen Spaß daraus zu machen, uns an der Weiterfahrt zu hindern. In aller Gemütsruhe trotteten sie bis zur nächsten Einmündung eines Waldweges, ohne auch nur einen Schritt schneller zu gehen. Bei Sogndal erreichten wir dann doch noch den Sognefjord bei herrlichstem Wetter. Kein Fjord ist länger und tiefer auf der Welt. Er ist zweihundertvier Kilometer lang und fast eintausenddreihundert Meter tief. An seiner Küste ging es nun entlang bis wir zwischen Hella und Vagsnes mit einer Fähre den Fjord überquerten. Über Vinje, Voss und Dale erreichten wir am späten Nachmittag Bergen, Norwegens zweitgrößte Stadt. Weil es schon so spät war, suchten wir umgehend einen Übernachtungsplatz. Auf der Insel Sotra fand sich, nach einiger Irrfahrt durch die vorgelagerten Schären, ein geeigneter Campingplatz direkt an den Klippen.

Nach dem Frühstück am nächsten Morgen kam es Helga in den Sinn, mich an die Angel zu erinnern. Es wäre doch sehr unnütz, eine Angel als Geschenk zu bekommen und diese dann mehrere tausend Kilometer, ohne sie zu gebrauchen, spazieren zu fahren. Da die Hetzerei nicht nachließ, fiel eine folgenschwere Entscheidung. Bewaffnet mit Angel und den übrig gebliebenen Utensilien wanderten wir die Felsen entlang, bis wir eine Stelle fanden, die unseres Erachtens geeignet war, den Fang des Lebens zu machen. Die Videokamera hatten wir auch dabei, um gegebenen Falls der Nachwelt die Versuche als Petrijünger dokumentieren zu können.

Ganz schön steil war es hier, und auch rutschig auf den nassen Klippen. Das erinnerte mich an etwas. Nur dieses Mal hatte ich Zuschauer. Folglich gab ich mir die größte Mühe, um mich ja nicht zu blamieren. Vorsichtig und doch mit dem nötigen Schwung warf ich den Haken aus, direkt vor meine Füße. „Lach nicht so. Ich übe doch noch", versuche ich mich zu entschuldigen. Aber außer dem matschigen Seetang hob ich nichts aus dem Wasser, trotz vieler Wiederholungen. Ärgerlich, ja fast wütend wurde ich, weil sich der Haken immer wieder an den Felskanten verhedderte. „So", verkünde ich das Ende meiner Geduld, „ das ist jetzt das letzte Mal." Ich sollte nicht so schnell aufgeben, meinte Helga. „Rom wurde auch nicht an einem Tag gebaut." Also werfe ich noch einmal den Angelhaken aus. Dieser Wurf gelang mir besonders gut. Das Blei flog sehr weit. Doch ich ärgerte mich wieder, denn dieses Mal hatte der Haken sich so im Felsen verhakt, dass ich auch nach vielen Versuchen das blöde Ding nicht frei bekam. Ich griff schon nach dem Messer, um die Schnur durchzuschneiden, als der Haken mit einem Ruck frei wurde, und mit dem Blei und, ich traute meinen Augen nicht, mit einem Fisch daran hochschnellte. „Helga, Helga, Helga, ich habe einen, ich habe wirklich einen Fisch." Ich schrie das, so laut ich konnte, denn auch meiner Frau war die Zeit lang geworden. Sie ging in einiger Entfernung am Meer spazieren. Nachdem der etwa dreißig Zentimeter lange Fisch seine Flugvorführung beendet hatte, war auch Helga mit der Kamera vor Ort, um dieses Welt bewegende Ereignis zu dokumentieren. Ich trug meine Beute mit Stolz geschwellter Brust zum Wohnmobil. Nach einigem Palaver über meine Jagderfolge ging ich zum Sanitärgebäude. Dort fand ich, wie auf fast jedem Campingplatz in Norwegen, ein separates Fischputzbecken. Der Fisch wurde geschuppt, gewaschen und eingewickelt. Auf dem Weg zum Reisemobil kam ich an dem kleinen Laden unseres Platzes vorbei. Hier erstand ich zur Feier des Tages zwei Flaschen Bier zu einem sehr hohen Preis. Während ich an der Kasse wartete, erspähte ich eine Tafel mit Bildern der Fische, die hier an der Küste vorkommen. Schnell wurde mir klar, dass ich einen Dorsch gefangen hatte. Bei all meinem Stolz konnte ich meinen Erfolg nicht für mich behalten und so berichtete ich der Verkäuferin vom Fang des Dorsches. Leider fand die Unterhaltung in englischer Sprache statt, der ich überhaupt nicht mächtig bin. Aber in Norwegisch oder gar Deutsch war der Gedankenaustausch erst gar nicht möglich. Nachdem mein Gegenüber von mir erfuhr, wo ich den Fisch gefangen hatte, gab sie mir immer wieder zu verstehen, dass dies ein Stinkfisch sei. Aber ich gab nicht nach. Meine Behauptung, ich hätte einen Dorsch gefangen, wiederholte ich mindestens genauso oft. Ich ließ mir doch meinen Fang nicht schlecht reden. Doch nach mehrmaligem Hin und Her erklärt mir die Dame, dass das von mir geschilderte Fanggebiet sich genau dort befände, wo die Abwässer des Campingplatzes in das Meer eingeleitet wurden. Stumm, und ab da ohne Widerspruch, bezahlte ich mein Bier und schlich mich mit hängenden Ohren zum Wagen zurück. Kleinlaut und niedergedrückt erzählte ich Helga von meinem Erlebnis mit der Verkäuferin. Es wurde ein einstimmiger Beschluss gefasst: Der Fisch ist für die hier so zahlreich herumfliegenden Möwen. Somit ging mein erstes erfolgreiches Angelerlebnis und auch der Tag zu Ende.

Am nächsten Morgen führte uns die Fahrt, nachdem wir abgebaut hatten, in die Stadt Bergen. Etwas außerhalb, aber gut zu Fuß zu erreichen, fanden wir einen Parkplatz und eroberten nun auf Schusters Rappen die zweihunderttausend Einwohner zählende Küstenstadt. Bergen liegt auf einer Halbinsel, und der Stadtkern ist um den Hafen herum angelegt. Bemerkenswert erschienen uns die im Zentrum stehenden bunten hölzernen Häuser, die so dicht nebeneinander stehen, dass man das Gefühl hatte, sie klammerten sich Schutz suchend aneinander. Schlendernd erreichten wir den Hafen, in dem an diesem Tag ein Markt stattfinden sollte. Ein Elch aus Stoff hatte es uns angetan. Kurz entschlossen kauften wir das Stofftier und erklärten es ab sofort zu unserem Maskottchen, welches unser Wohnmobil auf allen zukünftigen Reisen zu begleiten hatte. Ich kaufte mir noch etwas auf diesem Markt: ein Lachsbrötchen. Somit konnte mir keiner nachsagen, ich hätte in dem Fischland Norwegen keinen Fisch gegessen. Es war aber das erste Mal, dass ich geräucherten echten Wildlachs genossen habe. Am späten Nachmittag verließen wir die aus dem 11. Jahrhundert stammen Stadt.

Bei der weiteren Reise hatten wir immer wieder Probleme mit der Orientierung. Stellenweise wussten wir überhaupt nicht, wo wir uns befanden, denn die Straßennummern auf der Karte stimmten sehr oft nicht mit denen an der Strecke überein. So kam es, dass wir einen riesigen Umweg fuhren, weil wir der Karte vertrauten. Bei einem Stopp erfuhren wir von einem Norweger, dass zurzeit eine Umnummerierung stattfindet. Ab sofort gingen wir mit größerer Vorsicht an unsere Navigation, die uns dann am Hardangerfjord entlang führte. Fast am Ende dieses Fjords benutzten wir wiederum eine Fähre und gelangten so in den Soerfjord, der uns lange Zeit begleitete. Dieses Fjordgebiet wird als

Abenstimmung am Soerfjord

der Obstgarten Norwegens bezeichnet. Alle Fotofans werden uns beneiden, dachte ich, als wir an dem Doppelwasserfall Latefossen bei Jösendal standen, um das Getöse der herabstürzenden Wassermassen in dieser bizarren Gegend zu bestaunen. Eigentlich wollte ich nicht mehr weiterfahren, denn schöner konnte es doch gar nicht mehr werden auf dieser Welt. Doch bis nach Hause war es noch weit. In dieser Nacht standen wir auf einem Campingplatz, der auf der einen Seite von einem Wildwasserbach und auf der anderen Seite von einer Straßenmeisterei eingerahmt wurde. Die anfängliche Befürchtung, das Rauschen des Baches würde uns am Schlaf hindern, stellte sich als absolut unbegründet heraus. Im Gegenteil, wir konnten uns sehr gut vorstellen, Meeresrauschen würde uns einlullen.

Wir durchfuhren den Landesteil Telemark und kamen auf den Hochebenen des öfteren an frisch zugefrorenen Seen vorbei. Dies war um so erstaunlicher, da es in den Tälern sehr warm war. So warm, ja heiß, dass wir uns, als wir kurz vor Larvik das Skagerrak erreichten, entschlossen, die nächsten drei Tage auf einem Campingplatz stehen zu bleiben. Mit Stanniolpapier deckten wir die Glasscheiben unseres Fahrzeugs ab, damit die Sonne das Führerhaus nicht so stark aufheizt. Wir stellten auch hier wiederum fest, dass in Norwegen ein Mitbürger dem anderen großes Vertrauen entgegenbringt. Da lassen doch tatsächlich die Campingnachbarn an ihrem Wohnwagen die Tür offen stehen, und auch die gesamte Ausrüstung stand vor dem Wagen, als sie wegfuhren. Und alles fanden sie am Abend genauso wieder vor, wie sie es morgens verlassen hatten. Das war für uns schon sehr erstaunlich und trägt bis heute dazu bei, dass wir uns in Skandinavien sehr wohl fühlen. Noch wohler hätten wir uns gefühlt, wenn unser neuer Hund, Zwergdackel Charly, bei uns gewesen wäre. Aber er war damals erst ein halbes Jahr alt und musste bei der Oma in Immendorf bleiben, weil die Impfungen erst gerade gemacht worden waren. Nur, fast auf jedem Campingplatz standen Leute mit Hunden neben uns, die ständig an Charly erinnerten. Das nächste Mal sollte Charly mit, egal wie.

Die letzten Kilometer durch Norwegen fuhren wir am nächsten Tag bis zum Hafen in Larvik. Hier hatten wir die Überfahrt nach Frederickshafen in Dänemark gebucht. Wir standen auf einem riesigen Parkplatz an der Mole mit so vielen Stellplätzen, dass man sie nicht alle überblikken konnte. Mitarbeiter der Schifffahrtslinie gingen von Auto zu Auto. Auch mit uns wollten sie sprechen, denn sie hatten festgestellt, dass unser Fahrzeug länger war, als in den Papieren angegeben. Zwei Alternativen blieben uns: Entweder erheblich nachzuzahlen, oder das Fahrrad samt Träger in das Wohnmobil zu verfrachten. Also bewaffnete ich mich mit einem Schraubenschlüssel und demontierte den Fahrradträger. Diesen ins Wohnmobil zu verstauen fiel nicht schwer, aber das Fahrrad. Die Lenkergabel musste verdreht werden, und nur durch die Mithilfe von Helga gelang es mir, den Drahtesel zu verstauen. Dann kam auch schon der nächste Reedereimitarbeiter, um uns darauf hinzuweisen, dass die Gasflasche nicht nur zu schließen, sondern auch von der Leitung abzuklemmen ist. Außerdem sollten wir die Serviceklappe zum Gasflaschenkasten offen lassen.

Dann war es so weit. Ein Schiff, das von der Größe her leicht mit dem Gebäude der Koblenzer Commerzbank verglichen werden konnte, näherte sich langsam und vorsichtig der Kaimauer. Diese Lkw , Pkw und Wohnmobile wollten doch nicht etwa alle in diese Fähre? Wir versuchten mitzuzählen, wie viele Fahrzeuge das Schiff verließen, doch bei weit über hundert wurden wir aufgefordert, hinter dem Auto das vor uns stand herzufahren. Ich fuhr los. Erster Gang, zweiter Gang, ja ich musste sogar noch im Schiffsbauch in den dritten Gang hoch schalten. Ich hatte das Gefühl, im Koblenzer Löhrcenter herumzufahren. Beladen mit unseren Wertsachen und unserem Übernachtungszeug verließen wir das Wohnmobil und suchten ein paar Decks höher unsere Kabine auf. Prima, wir hatten eine Außenkabine mit Fenster. Beim Blick aus demselben stellte ich fest, dass immer noch Autos in die Fähre hinein fuhren. Also solche Ausmaße konnte ich mir bisher bei einem Schiff nicht vorstellen. Nachdem wir uns für die kommende Nacht eingerichtet hatten, eroberten wir die „Peter Wessel." Wir schauten in die diversen Restaurants, Geschäfte, Bars, Spielsalons. Sogar ein Kino fanden wir an Bord. Natürlich prüfte Helga die Sicherheitseinrichtungen fachmännisch und genau. Nachdem die Fähre abgelegt hatte, genehmigten wir uns in einem der Restaurants ein Abendessen. Danach setzten wir den Erkundungsrundgang fort, bis wir wieder in der Kabine ankamen. Von all den vielen Erlebnissen war ich doch sehr müde und enterte auch alsbald meine Koje. Doch meine Frau hatte keinen Sinn fürs Schlafen. Sie hatte nämlich festgestellt, dass die See etwas rauer war als sie erwartet hatte. Ja, man konnte tatsächlich weiße Schaumkronen auf den Wellen erkennen. Es war eine mondhelle Nacht und so verbrachte Helga, ausgerüstet mit der Videokamera in der Hand, die ganze Überfahrt am Fenster.

Am nächsten Morgen, ich hatte wirklich durchgeschlafen und von der Schiffsreise nichts mitbekommen, erzählte mir meine Frau, dass sie in der Nacht richtig Angst gehabt hätte. Wegen der etwas rauen See hat das Schiff Ballastwasser aufgenommen und sie hatte gesehen, wie die „Peter Wessel" dadurch immer tiefer gegangen war. Nur, an den Ballast, daran hat Helga nicht gedacht. Gegen sieben Uhr erreichten wir Frederickshafen in Dänemark und somit war das für dieses Jahr die letzte Fährfahrt gewesen. Aber bis wir das Schiff verlassen konnten, verging doch noch eine ganze Weile, denn der Fahrer des Lastzuges, der ganz vorne in der Fähre stand und den Übrigen die Weiterfahrt versperrte, hatte verschlafen und wurde durch die Lautsprecheranlage immerzu ausgerufen. Mit der Tasche und dem Jackett in der Hand kam er schließlich angelaufen und setzte seinen Brummi in Bewegung, sodass der Weg aus der Fähre frei wurde. Wir durchquerten Dänemark im Eiltempo. Mit einem Zwischenstopp in Hamburg-Schnellsen ging eine vierwöchige Traumreise am 10. Juli 1994 zu Ende. Das war der erste Versuch, das Nordkap zu erreichen.

Neunundvierzig Mal schlafen, und immer noch diese Maul- und Klauenseuche, die uns Probleme bereitet. Ich sage zu Helga: „Die Schneeketten für den Fiat nehmen wir in jedem Fall mit, man kann ja nie wissen. Ich überprüfe dieselben noch einmal ganz genau." TÜV-Stempel und Abgasuntersuchung kontrolliere ich noch, bevor ich zum x-ten mal im Internet die dänische Botschaft aufsuche. Es könnte ja sein, dass die Einfuhrbeschränkung aufgehoben ist. Dabei springen meine Gedanken zu dem zweiten Versuch, das Nordkap zu erreichen.

Zweiter Versuch

Wir schrieben das Jahr 1995. Weil das eigentliche Ziel, das Nordkap zu sehen, im vergangenen Jahr nicht erreicht wurde, starteten wir einen neuen Versuch, nämlich den zweiten. Auch bei diesem Vorhaben war die Planung eigentlich schon spannend und interessant. Das Wohnmobil wurde zu einem günstigen Preis gemietet, und beim Packen durfte nichts vergessen werden. Dieses Mal achteten wir aber peinlich genau auf das zulässige Gesamtgewicht des Fahrzeugs. In Ermangelung einer Autowaage musste jedes einzelne Teil, welches im Wohnmobil verstaut wurde, über unsere Personenwaage. Am Ende der Prozedur zählten wir die vielen Kilos zusammen und – luden einen Teil unwichtiger Dinge wieder aus. So bis an die Grenze des Zulässigen beladen, verabschiede-ten wir uns von den Nachbarn, mit der Bitte, auf unsere Heimstatt, die wir nun vier Wochen nicht mehr sehen würden, zu achten. „Kommt ihr denn dieses Mal bis oben hin?", hetzte Stipp noch hinter uns her. Natür-lich, denn der Vorsatz bestand wirklich: Diese Tour sollt das Ziel „Nord-kap" haben.

Die Reiseroute führte über die A61, die A1, dann durch den Elbtun-nel auf die A7 Richtung Dänemark. Hinter Bremen bemerkten wir, dass der Stau im Ruhrgebiet uns doch länger aufgehalten hatte, als wir zuerst

vermutet hatten. Die gebuchte
Fähre von Frederickshafen in
Dänemark nach Göteborg in
Schweden konnten wir wohl
nicht mehr erreichen. Außer-
dem stellte Helga fest: „Wir sind
im Urlaub und nicht auf der
Flucht." Da ich ihre Ansicht teil-
te, endete unser Trip auf dem
Campingplatz in Hamburg-
Schnellsen, den wir noch von
der Vorjahresfahrt kannten. Am
Morgen des nächsten Tages
setzten wir die Reise Richtung
Norden fort. Dänemark ist zwar
nicht sehr groß, zieht sich
jedoch ganz schön in die Länge.
Bei bestem Wetter und guter
Laune erreichten wir am Nachmittag die Fähranlegestelle.

Großsegler in Frederickshafen

Doch hier erwartete uns eine schier unübersehbare Warteschlange vor
der Verladestelle. Ich erhielt die Auskunft, dass unser Ticket zwar noch
gültig sei, wir uns jedoch am Ende der Warteschlange einreihen müssten. Nur wenn fest gebuchte Plätze frei blieben, würden diese aus den
Reihen der Wartenden aufgefüllt. Die Vordersten standen schon seit
vierundzwanzig Stunden dort. Dafür wollten wir den Urlaub eigentlich
nicht vergeuden. Wir beschlossen daher, uns in Dänemark umzusehen
und hier die Ferien zu verbringen.

Ganz in der Nähe fanden wir einen hervorragenden Campingplatz,
der wie maßgeschneidert für uns war: direkt am Meer mit einem schönen Sandstrand, Spazierwegen, Schatten – und vor allen Dingen war er
sehr hundefreundlich. Schon am zweiten Tag besichtigten wir Frederickshafen und machten eine umwerfende Entdeckung: Die diesjähri-
ge Großseglerregatta, die Hansesail 1995, führte zu unserem jetzigen
Urlaubsdomizil. Als wir Richtung Meer blickten, sahen wir am Horizont

die Mastspitzen mehrerer Segelschiffe, die sich auf Frederickshafen, auf uns zu bewegten. Leider strichen sie schon draußen auf dem Meer die Segel und liefen mit Motorkraft in den Hafen ein. Mit offenem Mund und sprachlos standen wir an der Kaimauer und beobachteten die Manöver dieser Windjammer, bis sie vertäut an der Pier lagen. Was waren die groß, und wie viele Matrosen sich auf den Schiffen befanden. Zwei Tage lang waren wir ausschließlich im Hafen von Frederickshafen anzutreffen, wo wir nur Augen für diese Prachtstücke von Segelschiffen hatten. Das eine und andere Schiff durften wir betreten und besichtigen. Aber am interessantesten war es auf der russischen „Krusenstern", die auch das vor Ort größte Schiff war. Aus dem Farbenmeer der Segel stach das Grün der „Alexander von Humboldt" heraus. Satt sehen, gibt es das überhaupt? Ich glaube, ich könnte hier Wochen verbringen, ohne an Essen, Trinken oder Schlafen zu denken. Aber alles geht einmal zu Ende. Auch die Sail '95. Die Schiffe verließen, eines nach dem anderen, wieder den Hafen in Richtung Holland. Doch was soll denn das bedeuten? Die „Krusenstern" lief nicht aus, sondern blieb an der Mole liegen, obwohl die anderen schon weit draußen und unter Segeln am Horizont verschwanden. Des Rätsels Lösung verbreitete sich wie ein Lauffeuer im Hafen: Die Russen hatten keinen Diesel mehr und auch kein Geld, um sich welchen zu kaufen. Schade, ein solch stolzes Schiff und dann nicht bei den anderen dabei.

Fast eine Woche standen wir auf dem Campingplatz bei Frederickshafen, als uns auffiel, dass die Warteschlange am Fähranleger auf ein erträgliches Maß geschrumpft war. Der Versuch, auf die Fähre zu gelangen, wurde schon nach einer Stunde mit Erfolg belohnt. Doch welch ein Drama. Der Dackel durfte nicht mit an Deck. Er musste die Überfahrt im Wohnmobil im dunklen Schiffsbauch verbringen. Andererseits durfte aber von uns beiden keiner im Auto und damit bei Charly bleiben. Drei Stunden dauerte die gesamte Reise, die uns wegen dem armen Dackel fast endlos erschien. Auf der anderen Seite des Wassers erwartete uns schon die nächste Überraschung. Wegen der strengen Einfuhrbestimmung für Hunde mussten wir am schwedischen Zoll anhalten, obwohl der Zöllner uns eigentlich weiterwinkte. Eine Tierärztin und ein Zöllner kümmerten sich um unsere Abfertigung, die erhebliche Schwierigkeiten mit sich brachte. Erstens akzeptierten sie die norwegische Sondereinfuhrgenehmigung nicht, und zum anderen war die Tätowierung in Charlys Ohr nicht deutlich genug. Das größte Problem stellte jedoch die fehlende Sprachkenntnis dar. Ein Mitreisender, der auch einen Hund bei sich hatte, verfügte über so viel Englischkenntnisse, dass wir gemeinsam, er mit dem Mund und ich mit den Händen, den Schweden klar machten, dass sie uns in ihr Land einfach hineinlassen müssen. Geschafft, wir waren in Göteborg, wir waren in Schweden. Ein Spaziergang durch die Stadt war gleich beschlossene Sache. In der Innenstadt stellten wir anhand der vielen Plakate fest, dass zurzeit hier die Leichtathletikweltmeisterschaften ausgetragen wurden. Ich glaube, das war auch der Grund für den riesigen Andrang vor der Fähre in Frederickshafen und die vielen Menschen hier in Göteborg.

Am Abend fanden wir einen schönen Campingplatz am Stadtrand. Beim Abendessen hörte ich draußen ein undefinierbares Brummen. Ich drückte mir fast die Nase an der Fensterscheibe platt, doch es war nichts Außergewöhnliches zu sehen. Weil meine Neugierde mir aber keine Ruhe ließ, verließ ich unter Protest von Helga den Tisch und begab mich erwartungsvoll nach draußen. Wieder erschreckte mich dieses Brummen. Ein Blick gen Himmel löste das Rätsel. Ich sah in der Luft jede Menge bunter Kühe, Häuser, Elefanten, Schweine, Autos, Windmühlen und ich weiß nicht, was sonst noch alles. Der Himmel war voller Heißluftballons, die die Gasbrenner betätigten, um an Höhe zu gewinnen. Sie kamen aus dem Norden, zogen direkt über uns hinweg Richtung Göteborgs Innenstadt und verschwanden wieder am Horizont im Süden. Ich schätzte die Zahl der Ballons auf weit über hundert Stück. Das Essen war inzwischen kalt und vergessen, doch dieser Augenschmaus mit den vielen Luftschaukeln war eine akzeptable Entschädigung für das entgangene Abendessen.

Am nächsten Morgen diskutierten wir über den weiteren Verlauf unserer Urlausreise. Wir hakten diese Reise als den zweiten Versuch, das Nordkap zu erreichen, ab. Die verbleibende Urlaubszeit war zu kurz, um die vielen Kilometer noch zurückzulegen. Südschweden, so stellten wir fest, musste auch noch von uns entdeckt werden. Und so starteten wir in Richtung Uddevalla, um mittags am Vänernsee zu sein.

Mit fünftausendsechshundert Quadratkilometern ist er der größte See des Landes. Cirka zweiundzwanzigtausend Schären hat er und sehr viele Klippenbäder und Sandstrände. Einige davon lernten wir in den kommenden Tagen kennen. Die Westküste, an der wir entlang fuhren, war gesäumt von dichten Wäldern, die schier undurchdringlich erschienen. Massenweise Blaubeeren schauten uns verlockend an. Doch leider waren sie noch nicht reif.

Wir suchten für den Abend einen Platz aus dem Campingführer aus, der direkt am Wasser lag. Eine Wegbeschreibung war auch dabei, der wir folgten. Doch irgend etwas hatten wir scheinbar falsch gelesen, denn so ein holpriger Weg, dem wir jetzt folgten, konnte keine Hauptverkehrsstraße sein. Aber als solche wies ihn die Landkarte aus. Sollten wir umkehren oder es doch noch ein Stück probieren? Die Strecke war so holprig, dass Tassen und sonstiges Geschirr nicht nur klapperten, sondern sogar aus den Schränken purzelten. Die Fahrgeräusche waren so laut, dass eine Unterhaltung unmöglich war. Selbst Dackel Charly schaute mich sehr vorwurfsvoll an. Als ob ich etwas dafür konnte. Langsam bekamen wir Angst, denn es dunkelte schon und wir hatten das Gefühl, immer tiefer in den Wald und weg von den Menschen zu kommen. Vorwürfe kamen nicht nur vom Dackel, auch Helga meinte, ich hätte die Karte falsch gelesen. Nach über einer halben Stunde auf dieser Marterstrecke erreichten wir doch noch wider Erwarten das Seeufer und, ich glaubte es selbst kaum, den ausgesuchten Campingplatz. So eine Idylle, die wir hier vorfanden, war den Weg schon wert. Man glaubte, alle Klischees, die im Fernsehen vermittelt werden, hier anzutreffen. Es hätte uns nicht gewundert, wenn ein Braunbär an die Tür geklopft hätte. Der ruhige See, der dunkle Wald, die absolute Stille, hier bleibe ich, dachte ich noch, und glitt in einen entspannenden Tiefschlaf.

Vogelgezwitscher weckte mich allmählich am nächsten Morgen auf. Der Blick aus dem Fenster überzeugte mich davon, dass ich nicht alles nur geträumt hatte, sondern wir wirklich den schönsten Platz der Erde entdeckt hatten. Wir blieben noch einen Tag und fühlten uns fast wie die ersten Siedler in Kanada.

Es ging weiter – am nächsten Morgen. Weiter am Vänernsee entlang, der scheinbar die Größe eines Meeres besitzt. Hin und wieder entdeckten wir in der Ferne ein einsames Boot, das langsam den See durchquerte. Sobald man die Durchgangsstraßen verließ und die Städte mied, konnte man glauben, allein auf der Welt zu sein. Doch wir erreichten den Ort Karlstad und stellten fest, dass hier auch was los war. Bei Kristinehamn beendeten wir die Rundfahrt um den See und begaben uns über Örebro und Västeras nach Stockholm.

Schwedens Hauptstadt ist auf viele Inseln verteilt, so dass man glauben könnte, sie läge im Wasser. Durch Tunnel und über Brücken kommt man von einem zum anderen Stadtteil. Inselhopping ist angesagt, wenn man wie wir eine Stadtrundfahrt macht. Unsere Stadtrundfahrt war jedoch nicht geplant. Eigentlich suchten wir nur einen Parkplatz, um die Stadt zu Fuß oder mit öffentlichen Verkehrsmitteln zu erforschen. Doch was war das für ein großes Problem, mit dem Wohnmobil einen entsprechenden Parkplatz in dieser großen, fremden Stadt zu finden. Fast zwei Stunden waren wir in Stockholm suchend unterwegs. Die Stadt mit ihren eineinhalb Millionen Einwohnern sahen wir, doch der gesuchte Parkplatz blieb unentdeckt. Daher entschlossen wir uns nach einigem Gezeter, die unfreiwillige Stadtrundfahrt abzubrechen und uns außerhalb eine Bleibe für diese Nacht zu suchen. Zunächst hatten wir genug von Stockholm, ohne die Wachablösung am Schloss gesehen zu haben. Eine wahrlich interessante Stadt, die ein Wiederkommen – mit Parkplatz – rechtfertigte.

So schwierig es in der Stadt war, so einfach war die Wegfindung außerhalb von Stockholm. Innerhalb kürzester Zeit befanden wir uns auf der E4 in Richtung Süden nach Norrköping, um dann über die E22 an der Ostseeküste entlangzufahren. Wir sahen uns die Küstenorte Västervik und Oskarshamn an. In Kalmar überquerten wir die sechs Kilometer lange Brücke und befanden uns dann auf der Insel Öland. Auf dieser Insel verbringt auch Königin Sylvia im Schloss Solliden ihren Urlaub. Diese Insel hat beinahe Mittelmeerklima. Immer wieder entdeckten wir Reste aus der Wikingerzeit, wie zum Beispiel Begräbnisstätten aus großen Steinen, in Schiffsform angeordnet, oder alte Steinwälle zur Verteidigung gegen fremde Eindringlinge. Ich kann mir sehr gut vorstellen, dass auch andere auf diesem schönen Flecken Erde leben wollen, und man andererseits es nicht hergeben oder mit anderen teilen will. Wer behauptet, vier Wochen Urlaub sind eine lange Zeit? Von wegen, beeilen mussten wir uns, damit wir die Kurve kriegten Richtung Heimat. Wir besuchten auf unserer weiteren Reise durch Südschweden noch die Städte Karlskrona, Karlshamn, Kristianstad und bestaunten die vielen Felsen der Schären an der Südküste.

Schnell, viel zu schnell waren wir in Helsingborg, um mit der Fähre nach Helsingör in Dänemark überzusetzen. Der Rest der Reise führte über Kopenhagen, Puttgarden, Hamburg, über die A1 und A61 nach Hause.

Siebenundzwanzig Mal schlafen, dann, ja dann geht's ab Richtung Nordkap. Was wird einem die Zeit so lang. Wollen Uhr und Kalender wirklich nicht schneller gehen? Mittlerweile sind die Vorbereitungen in vollem Gange. Ich brauche noch eine neue Hose. Helga bringt sich eine neue Jacke aus Koblenz mit. Auch einen neuen Rucksack lassen wir uns schicken, in dem Charly getragen werden kann. Aber immer noch diese Maul- und Klauenseuche. Sollen wir nicht doch besser die Reise ans Nordkap verschieben? Vielleicht, ja bestimmt, wird diese Geschichte bis nächstes Jahr erledigt sein. Oder sollen wir mit der Fähre von Roststock direkt nach Schweden fahren? Ich schaue noch mal im Internet nach. Aber dort gibt es nichts Neues. Wenn doch die dänische Regierung diese Einfuhrbeschränkung aufheben würde. Übrigens: Dänemark selbst ist auch mindestens einen Urlaub wert. Das stellten wir fest, als wir den dritten Versuch, das Nordkap zu erreichen, unternommen hatten.

Der dritte Versuch

Es war der 15.Mai 1998. Mit einem Mietwohnmobil traten wir die Reise Richtung Norden an, um das Nordkap zu sehen. Zum dritten Mal. Wie weit kommen wir wohl bei dieser Tour? Wie üblich fuhren wir die A61 ab Buchholz, um dann über die A1 auf die A7 zu gelangen. Und wieder hieß unser erstes Etappenziel Hamburg-Schnellsen. Hier übernachteten wir auf dem uns schon bekannten Campingplatz neben Ikea. Wir waren uns einig: Morgen sind wir in Hirtshals an der Nordküste von Dänemark, wo wir die Autofähre nach Kristiansand in Norwegen gebucht hatten. Die Fahrt durch Dänemark war sehr angenehm. Wegen dem doch sehr flachen Land konnten wir unsere Blicke schweifen lassen, und so die Landschaft bei ruhiger Reise genießen.

Wie geplant erreichten wir ohne Probleme Hirtshals. Da die gebuchte Fähre erst am nächsten Morgen losfahren sollte, übernachteten wir auf dem Campingplatz direkt neben dem Fähranleger. Den Nachmittag nutzten wir für eine Stadtbesichtigung und einen Einkaufsbummel in Hirtshals. Auch den Hafen bezogen wir in unseren Rundgang mit ein. Dabei stellten wir fest, dass doch unerklärlicherweise mehr Reisende von Norwegen nach Dänemark kamen als umgekehrt. Normalerweise war es eher umgekehrt zu dieser Jahreszeit, wo doch so viele Urlauber Richtung Nordkap unterwegs sind. Auch als wir im Wohnmobil saßen und zum Hafen hinüberschauten, konnten wir das noch beobachten. Nach einiger Zeit platzierte sich ein Reisemobil neben uns, welches eben mit der Fähre von Norwegen gekommen war. Ich nahm die Gelegenheit war und fragte unsere neuen Nachbarn, ob es ein besonderes Ereignis gäbe, das unsere Beobachtung erklären konnte. „Ja, habt ihr denn die letzten Tage kein Fernsehen geschaut?", fragten die Leute mich überrascht," „Norwegen versinkt im Schnee. Ja ein richtiges Schneechaos herrscht, je weiter man nach Norden kommt. Allein in Oslo sind gestern zwanzig Zentimeter Neuschnee gefallen. Alles, was irgendwie kann, rettet sich Richtung Süden." Mit diesen unangenehmen Informationen begab ich mich wieder zu Helga ins Wohnmobil. Hier fachte dann die Diskussion an. „Sollen wir es riskieren? Schneeketten haben wir dabei. Bleiben wir noch ein paar Tage hier stehen und warten erst einmal ab? Wir haben fast vier Wochen Zeit. Oder, wir schlafen erst einmal darüber und überlegen morgen weiter." Am nächsten Morgen wurde die Diskussion weitergeführt, und zwar sehr intensiv. Doch am Schluss siegte die Vernunft, wir blieben in Dänemark und verschoben das Nordkap auf später. Nächstes Jahr vielleicht, oder bestimmt.

Wir blieben noch einen Tag hier in Hirtshals und machten Erkundungsausflüge in die nähere Umgebung. Dabei entdeckten wir ein riesiges unterirdisches Fort aus der Zeit des Zweiten Weltkrieges in sehr gut erhaltenem Zustand. Wir krochen in jeden Winkel dieser Verteidigungsanlage. Von hier aus sollten die Angreifer von der Meerseite her in

Schach gehalten werden. Unser Höhlenhund Charly fühlte sich in diesen verwinkelten und alten Bauwerken, wahrscheinlich wegen der vielen Kaninchenspuren, „hundewohl."

Nun, es war also beschlossene Sache, wir blieben in Dänemark. Deshalb führte am nächsten Morgen, nach nochmaligem Abwägen aller Umstände, die Fahrt nicht nach Norwegen, sondern Richtung Süden an der dänischen Küste entlang. Es sollte keine falsche Entscheidung gewesen sein. Wir erlebten die Fahrt an der Westküste entlang als ein traumhaftes Vergnügen. So einen wunderschönen Sandstrand, den man sogar mit dem Auto befahren konnte, hatten wir noch nirgendwo erlebt. Ganz besonders wohl fühlte sich der Dackel, denn hier herrschte kein Hundeverbot, noch sonst irgendeine Einschränkung. Vorausgesetzt, man verließ den Ort wieder so, wie man ihn angetroffen hatte, gab es so gut wie keine Verhaltensregeln. Fast kam das Gefühl von Freiheit auf. Insbesondere dann, wenn der Campingplatz in den Dünen lag, und vom Stellplatz aus freie Sicht auf das Meer geboten wurde. Das Fernglas behielt ich ständig um den Hals gehängt, wenn wir standen. Ich konnte ja etwas verpassen, was da draußen auf dem Skagerrak an Schiffsbewegungen ablief. In der Küstenstadt Hanstholm dachte ich doch noch einmal sehnsüchtig an Norwegen, denn hier im Hafen fuhr die Autofähre nach Egersund ab. Aber vorbei ist vorbei. Tschüss Norwegen, bis später einmal.

Wir lernten die Nordseeküste Dänemarks kennen, mit all ihren schönen Fischerdörfern und befahrbaren Sandstränden. Schließlich entdeckten wir tatsächlich zwei Orte, die nur durch eine Straße über den Strand miteinander verbunden waren. Wir wunderten uns schon sehr, welch ein Autoverkehr zwischen den beiden Dörfern über den Strand abgewickelt wurde. Auch wir versuchten es und trieben das Wohnmobil über die für uns ungewohnte Piste. Anfänglicher Angst, im Sand stecken zu bleiben, folgte doch das Vergnügen, ohne Fahrbahnmarkierung, Leitplanken und sonstige einengende Hilfsmittel durch die Gegend zu pirschen. Diesen Genuss gönnten wir uns bis zur nächsten Ortschaft, wo die Mittagspause fällig war. Während des Essens beobachteten wir die Fischer, die von ihrem Fang zurückkamen und mittels Traktoren ihre Boote aus dem Wasser an Land zogen. Das Zuschauen fesselte uns so sehr, dass aus der Mittagspause gleich zum Nachmittagskaffee übergegangen wurde.

Stellplatz direkt auf dem Sandstrand – in Dänemark kein Problem

Den Ringköbing-Fjord entlang zu fahren kann begeisternd sein. Wenn man das jedoch auf der Westseite tut, dann kennt die Faszination kaum Grenzen. Wir befanden uns auf der Landzunge zwischen offenem Meer und dem Fjord. Dieser schmale Landstreifen ist vierzig Kilometer lang und bietet eine uneingeschränkte Aussicht sowohl auf den Fjord, der sich wie ein riesiger See ausbreitet, als auch auf die Nordsee, die sich an diesem Tag von ihrer schönsten und ruhigsten Seite zeigte.

Über die Orte Varde und Grindsted kamen wir zum berühmten Billund. Billund kennt vielleicht nicht jeder, aber Lego ist mit Sicherheit ein Begriff, den man nicht erklären muss. Und hier waren wir an jenem Tag, in der Legostadt. Es regnete zwar und ich dachte, ich wäre aus dem Lego-Alter heraus, doch in diesem Legoland vergaß ich doch glatt nicht nur den Regen, sondern auch mein Alter. Wir fanden alles Mögliche und Unmögliche en miniature im Maßstab 1:20. Ob das die Stadt Amsterdam war oder der Hamburger Hafen, ob die Nachbildung eines Großflughafens oder einer Westernstadt. Den Götakanal fanden wir genauso interessant wie den Duisburger Rheinhafen. Ja sogar die Loreley stand hier aus vielen Klötzchen nachgebaut. Und alles bewegte und drehte sich. Wie von Geisterhand geschoben fuhren Lastwagen und Pkw durch die

Miniaturwelt Legoland

Landschaft. Schiffe wurden auf und abgeschleust. Krankenwagen fuhren mit Martinshorn und Blaulicht durch die Stadt. Und am Flughafen wurden die Jumbos von Spezialfahrzeugen hin- und herbugsiert. Das Kind im Manne wurde wach, und der Tag war einfach zu kurz. Direkt neben Legoland befand sich ein Campingplatz, auf dem wir in dieser Nacht blieben, so dass wir bis zur Schließung des Parks die Zeit nutzen konnten, um noch das ein oder andere Objekt zu entdecken.

Leider regnete es noch immer, als wir am nächsten Morgen in östlicher Richtung weiter zogen. Über Vejle gelangten wir dann zur Insel Fünen mit dem Hauptort Odensse, den wir uns bei nun besser werdendem Wetter ansahen. Die Reise führte weiter nach Nyborg und – ja dann überquerten wir den Großen Belt über die 17 Kilometer lange Brücke. Wir hatten ausgesprochenes Glück. Die Sicht war klar, und so beobachteten wir von unserem außergewöhnlichen Standort aus die Ozeanriesen, die den Belt befuhren und zum Teil unter uns hindurch schipperten. Schier unendlich schien uns die Überquerung. Doch am Ende der Brükke kam das Erwachen, hier wurde abkassiert. Zuerst wollte die freundliche Dame von uns die Gebühr für einen Lkw, sie war der Meinung, unser Fahrzeug würde über 3,5 Tonnen wiegen. Das Gegenteil war schnell anhand der Fahrzeugpapiere bewiesen. Nicht so leicht war es, den Beweis zu erbringen, dass das Wohnmobil keine sechs Meter lang ist. Aber am Ende gab wahrscheinlich der Klügere nach. Ich zahlte nur den Preis für ein Fahrzeug unter sechs Meter Länge, und war der festen Überzeugung, im Recht gewesen zu sein. Wir fuhren weiter, und nach ein paar hundert Metern stellte Helga fest: „Du hast doch den Fahrradträger am Heck bei deiner Längenberechnung mitberücksichtigt, oder etwa nicht?" Oh, mir fielen alle meine Sünden wieder ein. Ich hatte den Fahrradträger total vergessen. Eigentlich wollte ich nun zurückfahren, aber wir befanden uns auf der Autobahn mit Mittelschutzplanke. Der gute Wille meinerseits, die Rechnung zu begleichen, war sehr wohl vorhanden. Auch mein schlechtes Gewissen plagte mich noch einige Zeit.

An der nächsten Ausfahrt gerieten wir wegen der unübersichtlichen Verkehrsführung so in Hektik, dass wir die Mautgeschichte schnell vergessen hatten. Mehr durch Zufall als durch Absicht schlugen wir den Weg nach Norden ein und erreichten nach etwa vierzig Kilometern die Stadt Kalundborg an der Nord-West-Spitze der Insel Seeland. Schnell fanden wir einen Campingplatz, von dem aus freie Sicht auf den Großen-Belt gewährleistet war. Das Fernglas war von nun an das begehrteste Objekt, das wir bei uns hatten. Ständig fanden wir am Horizont neue Attraktionen, die aber ein Fernglas erforderten. Ja sogar ein U-Boot entdeckte ich dank Feldstecher. Da das eine Fernglas inzwischen so begehrt war, beschloss ich, Helga zu Weihnachten auch eines zu schenken, damit die Guckerei stressfreier werden sollte. Aber etwas Stress hatten wir dann doch noch zusätzlich wegen eines Bauern, der irgend etwas auf die Kornfelder spritzte, was uns Kopfschmerzen und Übelkeit verursachte. Was es war, bekamen wir aber nicht heraus. Deshalb beschlossen wir, auf jeden Fall am nächsten Morgen weiterzufahren, obwohl der Campingplatz mit seiner Hanglage und dementsprechender Aussicht aufs Meer zum weiteren Verbleib geradezu einlud.

Zwischen Kornfeldern und Wiesen hindurch befuhren wir schmale Seitenstraßen, die zwar beim Fahren die ganze Aufmerksamkeit erforderten, jedoch uns in eine Landschaft entführten, die in jedem Fall die Anstrengungen wert war. Idyllisch gelegene einzelne Bauernhöfe mit Reed gedeckten Dächern, eigenen Brandweihen und riesigen Feldern drumherum wechselten sich mit kleineren Wäldchen ab. Hin und wieder mal ein kleines Dorf. Ansonsten eine sehr ruhige und erholsame Gegend. Man könnte glauben, es würde hier alles immer in aller Ruhe ablaufen und nichts würde passieren.

Aber wir wurden eines Besseren belehrt. Bei der Überfahrt mit der Autofähre von Rörvig nach Hundested über den Isefjord kam plötzlich Hektik auf und Qualm aus dem Maschinenraum. Eine Sirene gab Alarm und die Besatzung lief nervös hin und her. Aber von allem Gesagten und Gerufenem verstanden wir rein gar nichts. Doch nach einiger Zeit kehrte wieder Ruhe ein und wir waren auf der anderen Seite des Fjords. Erleichtert, dass nichts passiert war, verließen wir vielleicht etwas schneller als sonst die Fähre und setzten unsere Urlaubsreise an der Küste entlang fort. Über die Küstenorte Liseleje, Gilleleje und Hornbäck kamen wir nach Helsingör. Helsingör kannten wir noch von der ersten Skandinavientour. Eine mehrtägige Pause auf dem Campingplatz dieser Stadt nutzten wir zum ausgiebigen Stadtbummeln. Der Hafen gehörte zum festen Besichtigungsfahrplan. Hier, genauso wie auf dem Campingplatz, konnte ich sehnsüchtig nach Schweden schauen und meinem Fernweh freien Lauf lassen. Das Fernglas lag ständig griffbereit, um den vielen großen Pötten, die dicht vor unserer Nase den Öresund passierten, nachzuschauen. Auch vom Kaliber der Traumschiffe fuhren einige zum Greifen nahe an uns vorbei. Die Vielzahl der Schiffe, allein alle fünf Minuten eine Fähre, ließ in keiner Weise Langeweile aufkommen, und so war ich schon etwas traurig, als wir nach drei Tagen die Weiterfahrt beschlossen.

Wir befuhren die schmale Küstenstraße Richtung Süden – Richtung Kopenhagen. Natürlich bummelten wir im Zentrum von Kopenhagen herum. Hafen, Tivoli, City und vieles mehr muss man gesehen haben. Doch am interessantesten, jedenfalls für mich, war der Besuch im Informationszentrum für die im Bau befindliche Öresundbrücke. Sechzehn Kilometer lang soll sie werden. Eine auf den Meeresboden abgesenkte Betonröhre soll auch dazugehören. Brückenpfeiler über zweihundert Meter hoch. Wenn die fertig ist, werde ich mit dem Wohnmobil drüber fahren, von Kopenhagen bis Malmö in Schweden, das steht jetzt schon für mich fest, ganz sicher, hundert Prozent. Die Modelle, Karten, Bilder und Videos ließen mich kaum los, aber Helga drängelte. Na ja, zwei Stunden sind auch genug, wir waren schließlich nicht auf einer Bildungsreise. Eine Nacht blieben wir noch in Kopenhagen, dann mussten wir weiter.

Wir umfuhren die Koge-Bucht und gelangten, immer der Küste entlang, nach Rodvig. Hier erlebten wir erstmalig in Skandinavien einen nicht so sauberen Campingplatz. Donnerbalken als Toiletten, und dann auch noch viel zu wenige Duschen, in denen man das Gefühl hatte, nicht sauberer zu werden, sowie Berge von Müll ließen uns den Ort schnell wieder verlassen. Im Zick-Zack-Kurs durchquerten wir den Süden der Insel Seeland und gelangten über die Aleksandrines-Brücke und den Ulv-Sund auf die Insel Mon. Hier soll der Göttervater Odin nach der Christianisierung der Dänen Zuflucht gesucht haben. Nun, bei der theatralischen Kulisse in dem sonst so flachen Dänemark kann man sich das leicht vorstellen. Steile, ja fast senkrecht abfallende, bis über hundert Meter hohe schneeweiße Kalkfelsen säumen die Küste dieser Insel.

Leider neigte sich die schönste Zeit des Jahres dem Ende zu. Deshalb ging es von der Insel Mon auf direktem Weg über die Insel Falster und Lolland nach Rodby-Haven. Die Überfahrt mit der Puttgarden-Fähre war schon fast Routine für uns. Innerhalb einer dreiviertel Stunde fuhren wir von Dänemark nach Deutschland. Auf der Fähre nutzten wir die Gelegenheit, um die restlichen Kronen wieder in D-Mark umzutauschen. Auch die Autobahn A1 kannten wir fast wie unsere Westentasche. Bei Brinkum legten wir auf dem uns schon bekannten Campingplatz einen Übernachtungsstopp ein, bevor der Rest der Reise über die A1 und A61 bis nach Hause fortgesetzt wurde. Leider kein Norwegen, aber ein schöner Urlaub war es trotzdem gewesen, der unter der Überschrift „Der dritte Versuch" in die Urlauskartei gelegt wurde.

Acht Mal werde ich noch wach, heißa dann ist Reisetag. Also „wach" stimmt gar nicht so ganz. Eigentlich schlafe ich fast gar nicht mehr, beziehungsweise ich bin ständig wach. Weil ja noch so viel zu erledigen und zu überlegen ist.

Hurra, es ist geschafft, die Dänen haben sich die Sache mit der Einfuhrbeschränkung wegen der Maul- und Klauenseuche überlegt und wieder rückgängig gemacht. Das heißt, außer den üblichen Zollbestimmungen für Skandinavien brauchen wir nichts Besonderes zu beachten. Eigentlich sind wir reisefertig. TÜV und Abgasuntersuchung sind gemacht, Ölstand und Kühlwasser sind geprüft. Ja, ich bin auch extra nach Buchholz gefahren, um voll zu tanken.

Sechs Mal schlafen. Die Nerven werden noch mehr strapaziert: Ich muss noch vier Tage zur Schulung nach Rotenburg. Hier die Gedanken auf das Schulungsthema zu konzentrieren fällt mehr als schwer. Doch wie fast alles geht auch diese Geschichte vorbei.

Zwei Mal schlafen, nichts da, nicht möglich. Ach, könnten wir doch jetzt direkt losfahren. Diese Nachtstunden sind mindestens vier Mal so lang wie am Tage. Doch es wird auch heute wieder hell. Jetzt gilt es, den Rest zu verstauen. Als Letztes die Lebensmittel, die persönlichen Dinge und das Trinkwasser in den Tank. So, alles drin. Ich fahre hoch zum Parkplatz der Niederkirchspielhalle. Hier kann ich unter Mithilfe von Helga das Gewicht unseres Fahrzeugs feststellen. Weil ich so genannte Radwaagen besorgt habe, lässt sich die Last nicht nur achsweise, sondern radweise ermitteln. Ein wenig müssen wir noch hin und her laden, dann stimmt die Gewichtsverteilung. Von der Halle nach Hause fahre ich nicht so gerne, eigentlich könnten wir doch heute Abend schon los. Helga weiß mich kaum zu bremsen. Noch eine sehr lange Nacht muss ich zu Hause verbringen. Also einmal werde ich noch wach, heißa heut ist Reisetag.

Vierter Versuch

Samstag, der 9. Juni 2001. Der Diesel tuckert, der Motor hat schon Betriebstemperatur, ich stehe mit dem Wohnmobil vor der Haustür und warte auf Helga. Der Dackel schaut auch sehr ungeduldig aus den dunklen Augen. Da, Helga schließt die Haustüre zu, es geht los. Der erste Gang ist schon eingelegt, doch was soll das denn noch. Meine Frau geht nochmals ins Haus zurück. Gang raus, Handbremse zu, Getrommel auf dem Lenkrad. Das hält doch keiner mehr aus. Wenn das so weiter geht, fahre ich noch eine Runde ums Haus. Aber dann ist es doch endlich so weit. Ich hoffe eigentlich, das ganze Dorf steht Spalier, um uns beim

Abschied zuzuwinken. Nun, scheinbar ist eine Fahrt zum Nordkap nicht für jeden so etwas Außergewöhnliches.

In Buchholz kommt die erste Überraschung: Es geht nicht sofort auf die Autobahn, sondern erst nach Koblenz. Wir müssen noch einige Lebensmittel und Getränke einkaufen. Wenn das so weitergeht, kommen wir dann jemals überhaupt bis nach Norwegen?

Nachdem alles verstaut ist, suchen wir uns den Weg über die A61 zur A1 in Richtung Norden. Der Verkehr rollt und meine Stimmung wird immer besser, bis, ja bis Helga feststellt, dass für heute genug Kilometer gefahren sind. Dabei befinden wir uns noch nicht einmal bei Bremen. O weh, o weh, ich wollte doch ans Nordkap in den vier Wochen Urlaub. Wenn wir mal in Norwegen sind, dann können wir auch ruhiger sein. Aber jetzt sind wir doch noch gar nicht richtig von zu Hause weg und stehen hier in Wildeshausen schon zur ersten Übernachtung. Aber morgen, morgen fahren wir bis nach Schweden, dachte ich noch so beim Einschlafen.

Es ist Sonntag, die Autobahn ist leer und es läuft wie geschmiert. Vor der Fehmarnbrücke, an der letzten Tankstelle vor der Fähre nach Dänemark, tanke ich noch einmal voll. Denn auch der Dieselpreis soll in Skandinavien sehr hoch sein. Einssechzig zahle ich hier für einen Liter Diesel. Und weiter geht es, der Puttgardener Fähre zu. Auch hier ist nicht viel Betrieb, so dass wir sehr schnell an Bord des Schiffes sind. Eigentlich verläuft die Überfahrt ohne besondere Vorkommnisse, wenn da nicht Helga unbedingt Dänische Kronen haben wollte. „Wofür brauchst du eigentlich dieses dänische Geld?", will ich von meiner Frau wissen. Logische Antwort: „Das ist ganz einfach. Die Übernachtung auf einem Campingplatz in Dänemark zahlt man eben mit dänischem Geld."

Nicht schon wieder. Ich dachte, wir fahren jetzt durch bis Schweden. Aber alle Diskussion ist zwecklos. Wir übernachten in Dänemark. Nur, die Landkarte gaukelt uns einigen Unsinn vor. Eigentlich sollte der Campingplatz keine zwei Kilometer von der Autobahn entfernt sein. Doch es werden fast zwanzig Kilometer, bis wir endlich auf unserem Übernachtungsplatz sind.

Sehr freundlich und zuvorkommend sind die Leute hier. Aber Preise haben sie wie in der Apotheke. Ein normales Brötchen kostet gar fünfzig

Pfennige. Auch der Platz ist nicht gerade billig, aber sehr schön. Der nächste Morgen ist da. Ausgeruht und voller Tatendrang geht die Reise weiter. Die letzte Gelegenheit zum Tanken nutzen wir kurz vor Kopenhagen. Mittlerweile kostet ein Liter Diesel eine Mark achtzig.

Wir sind auf der Autobahn Richtung Malmö. Links streicht Kopenhagen an uns vorbei. Rechter Hand erblicken wir den Flughafen, wo derzeit gleich zwei Flugzeuge im Landeanflug sind. Aber es bleibt keine Zeit, länger den Fliegern zuzuschauen, denn nun begeben wir uns unter die Erde. Der Tunnel, in dem wir zurzeit fahren, ist eine riesige Betonröhre, die auf dem Meeresgrund liegt. Sie bietet Platz für zwei Fahrstreifen und eine Standspur in jede Richtung sowie zwei Eisenbahngleise. Und eine Versorgungs- und Fluchtröhre befindet sich auch noch hier unten auf dem Meeresboden.

Nach cirka fünf Kilometern erblicken wir wieder das Tageslicht und befinden uns auf einer künstlichen Insel im Öresund. Jetzt nehmen wir Anlauf zum Überqueren des Öresunds über die berühmte, sechzehn Kilometer lange Brücke, deren Pfeiler über zweihundert Meter hoch sind. Ein imposantes Bauwerk dürfen wir hier befahren, das scheinbar gar nicht mehr enden will. Sechzehn Kilometer Brückenfahrt, das ist kaum zu realisieren. Unter uns entdecken wir eine große Autofähre, die wahrscheinlich nach Oslo fährt. Sie sieht von hier oben überhaupt nicht so riesig aus. Jetzt müsste man stehen bleiben dürfen. Das ist aber leider untersagt. Vor lauter Hin- und Herschauen werden wir von der Mautstelle, die sich auf der schwedischen Seite befindet, überrascht.

Wir sind in Schweden. Etwa sechzig Mark Brückenmaut bezahlen wir, damit sind unsere dänischen Kronen alle ausgegeben. Kein Problem, ein kurzer Abstecher nach Malmö hinein, und schon wird ein Geldautomat uns schwedische Kronen ausspeien. Glauben wir. Hoffen wir.

Zuerst muss ich noch an den Zoll, um die Papiere von Dackel Charly abstempeln zu lassen. Es gibt sonst Probleme, wenn die Sondereinfuhrgenehmigung nicht vollkommen in Ordnung ist. Nach einer Viertelstunde ist die Geschichte bei dem Zoll abgehakt und die Fahrt geht weiter nach Malmö zum Geldautomaten.

Aber oft kommt es erstens anders und zweitens als man denkt. Trotz Master-EC Karte will keiner der Automaten so, wie wir uns das vorstel-

Götakanal bei Södaköpping

len. Drei dieser Maschinen probieren wir erfolglos aus, dann beschließen wir, das ganze in der nächsten Ortschaft noch einmal zu versuchen. So ganz wohl ist uns in der jetzigen Situation nicht, denn im Moment haben wir kein Bargeld bei uns. Nun, der Tank ist voll, so dass im schlimmsten Fall... Ach, es wird schon klappen. In Malmö, das waren lauter ungünstige Umstände. Wir setzen also die Reise nach Norden fort. Landskrona heißt die nächste Stadt, in der wir dann doch noch zu Geld kommen, und zwar völlig problemlos.

Der E6 folgen wir nun weiter bis kurz hinter Helsingborg, um dann auf die E4 abzubiegen. Auf dem Campingplatz von Örkelljunga, der an einem malerischem See liegt, verbringen wir unsere erste Nacht in Schweden. Die Fahrt steht unter einem guten Stern, stellt Helga fest, denn sie findet Geld. Eine fünfzig Öre Münze. Das ist nicht die Welt, aber ein Stück davon.

Am nächsten Morgen setzen wir die Fahrt auf der E4 fort, die wir aber bald wieder verlassen, denn die Landkarte zeigt an, dass es zum Gödakanal nicht weit ist. Diese Wasserstraße führt von Göteborg bis nach Stockholm quer durch Schweden. In Södaköpping bestaunen wir das eindrucksvolle Bauwerk. Gerade hier befindet sich auch eine

Schleuse, und somit kommen wir in den Genuss, beim Heben eines Schiffes zuzusehen. Nach einem erfrischenden Spaziergang durch die Ortschaft übernachten wir auf einem Campingplatz am Ortsrand direkt am Kanal. So weit hier oben im Norden ist es tatsächlich abends um dreiundzwanzig Uhr noch taghell. Trotzdem schlafen wir nach all diesen Erlebnissen tief und fest. Ja, es ist fast elf Uhr am nächsten Morgen, bis wir die Tour fortsetzen.

Schnell sind wir durch Stockholm hindurch und nach dreihundertvierzig Kilometern auf der E4 in Gävele angelangt. Etwas abseits liegt der Campingplatz bei einem alten Schlösschen, direkt an der Ostsee. Aufgebaut haben wir wie immer in kürzester Zeit, und damit steht einem ausgedehnten Nachmittagsspaziergang rund um die Ostseebucht nichts mehr im Wege. Durch ein kleines Wäldchen führt uns der Weg an die gegenüberliegende Uferseite, von dort aus haben wir eine beeindruckende Sicht auf die Ostsee und unseren Campingplatz. Auch der Hafen von Gävele liegt in unserem Blickfeld. Leider vergeht die Zeit viel zu schnell, wie immer. Und so treten wir nach einigem Zögern den Rückweg an. Aber heute Abend gehen wir noch einmal, so lautet unser Vorsatz. Am Wohnmobil angelangt stellen wir fest, dass die Berliner, die wir heute Nachmittag auf einem Parkplatz kurz hinter Stockholm kennen lernten, auch hier übernachten. Schnell haben sie uns entdeckt und wir setzen unseren Plausch und Erfahrungsaustausch von vor ein paar Stunden fort. Unbemerkt vergeht schon wieder die Zeit wie im Fluge, und es wird Zeit für den Abendspaziergang. Das Paar aus Berlin geht auch mit. Doch kaum sind wir am Wasser angelangt, überfällt uns ein Schwarm von Stechmücken. Ich schlage mir selbst hierhin und dahin. Doch zu jeder totgeschlagenen Mücke kommen hundert andere zur Beerdigung. Wenn mir jemand zuschaut, könnte er meinen, ich mache mit meinen Armen Flugversuche, doch nur eins habe ich im Sinn. Schnellstens, ohne noch mehr gestochen zu werden, ins Wohnmobil zu gelangen. Im Wagen angelangt verschließe ich alle Ritzen und Fugen. Ständig überprüfe ich, ob auch nur keine dieser Quälgeister mehr an Bord ist. Das wird eine Nacht! Ob ich morgen früh noch lebe? Skandinavien soll doch so schön sein und dann das hier. Helga amüsiert sich über meine teils panikartigen Versuche, den Stechern auszuweichen.

Doch welch ein Wunder, ich habe die Nacht überlebt und noch nicht einen Mückenstich abbekommen, sodass die Fahrt, ohne zu jucken und zu kratzen, weitergehen kann. Weiter geht es an der Ostseeküste entlang bis nach Docksta. Mal dichter am Wasser und mal weiter weg vom Wasser. Teilweise führt die Straße durch nicht enden wollende Birkenwälder. Kaum eine Ortschaft durchfahren wir. Nun, wir sind ja auch schon mitten in Schweden und die Bevölkerungsdichte hat rapide abgenommen. Nicht nur weniger Ortschaften gibt es hier, sondern die Gemeinden werden auch immer kleiner.

Die nächste Nacht verbringen wir auf dem Campingplatz in Lulea. Er liegt am oberen Ende des Bottnischen Meerbusens. Nur fünfzig Kilometer von Finnland sind wir noch entfernt. Direkt am Platz finden wir ein Dampflok- und Eisenbahnmuseum. Das lassen wir uns nicht entgehen. Zwei Stunden schleichen wir trotz Nieselregens um die alten Dampfrösser herum und entdecken immer mehr Sehenswertes. Doch trotz alledem, wir müssen zum Auto zurück. Dieser Platz hier in Lulea ist ein sehr guter und großzügig angelegter Platz, der sich gut und gerne mit einem Komfortplatz messen kann – aber auch im Preis.

Am nächsten Morgen, es ist übrigens Freitag, der 15. Juni, und Jürgens Geburtstag, verlassen wir die Ostseeküste und fahren über die B97 Richtung Westen auf Norwegen zu. Ewig lange Wälder säumen die kerzengerade Straße. Etwas langweilig ist die Fahrt, wenn, ja wenn da nicht die Aussicht bestünde, einen Elch zu sehen. Angestrengt beobachten wir den an uns vorüberfliegenden Waldrand. Und tatsächlich sehe ich einen Elch im Dickicht laufen. Anhalten, umdrehen, zurückfahren und den Elch noch sehen erscheint mir unrealistisch. Also fahren wir weiter, und weil Helga das Tier nicht gesehen hat, haben wir Stoff, um uns die weitere Fahrt darüber zu unterhalten, ob da wirklich ein Elch war oder nicht. Ich weiß, ich habe einen gesehen, und damit basta.

Wenn Helga ein Rind oder ein Schaf auf der Weide sieht, fragt sie mich jedes Mal, ob der Elch etwa so ausgesehen hat. Nun, es findet sich jedoch im weiteren Verlauf der Fahrt ein Ersatz. Hin und wieder entdecken wir am Wegesrand kleinere Herden von Rentieren. Es fasziniert uns, wie selbstbewusst diese die Straße queren. Die haben eine eingebaute Vorfahrt, kommentiere ich deren Verhalten.

Kurz nach Mittag ist es, als wir ein paar Kilometer vor Jokkmokk den Polarkreis überqueren. Eine Tafel mit der Beschreibung, was es mit dem Polarkreis so auf sich hat, steht auf dem Parkplatz, den wir für eine kurze Rast ansteuern. In Jokkmokk machen wir eine kleine Stadtrundfahrt mit dem Wohnmobil. Dabei erfahren wir, dass dieser Flecken die Lappenhauptstadt ist. In den ersten Februarwochen treffen sich hier die Samen, um einzukaufen, Neuigkeiten auszutauschen und Feste zu feiern. Bis zu fünfzigtausend Menschen reisen alljährlich an, um den kältesten Jahrmarkt der Welt zu erleben. Vom ausgestopften Bären bis zum Schneeskooter reicht das Angebot. Auch wir füllen unsere Lebensmittelbestände in einem Selbstbedienungsladen auf, bevor die Fahrt weitergeht. Leider nieselt es, und weil noch nichts grünt und blüht, sieht die Landschaft ziemlich grau und trostlos aus. Grau, trostlos, aber faszinierend.

Am späten Abend kommen wir in Kiruna an. Bei Schneeregen baue ich das Wohnmobil zur Übernachtung auf, während Helga mit Dackel Charly den Abendspaziergang schnell hinter sich bringt. Kiruna ist die Bergwerkstadt Schwedens schlechthin. Die größte Eisenerzgrube der Welt verbirgt sich unter diesem Teil der Erde. Von hier aus wird das Eisenerz von den starken Elektroloks zum norwegischen Hafen Narvik gezogen. Am nächsten Morgen folgen wir der Eisenbahntrasse Richtung Narvik. Dabei überschreiten wir bei dem Ort Reichsgrenze den Übergang nach Norwegen. Doch kurz zuvor, in einem kleinen Ort, den wir nicht einmal auf der guten Landkarte finden, wundern wir uns über die vielen Norweger, die sich hier eingefunden haben. Der Grund hierfür sind die günstigen Preise sowohl für Lebensmittel als auch hauptsächlich für Benzin und Diesel. Auch wir nutzen die Gelegenheit, um den Tank und die Lebensmittelvorräte aufzufüllen. Es scheint, als ob nur Norweger und Touristen ihr Geld hier lassen. Schweden sehen wir jedenfalls nur als Verkäufer.

Wir sind in Norwegen und es scheint so, als ob hier, wo wir uns zurzeit befinden, die Welt nur aus Fels und Schmelzwasser bestehen würde. Zwischendurch hören wir Wildwasser neben uns herrauschen, dessen Lautstärke die unseres Fahrzeugs übertönt. Und immer noch nur Fels. Kein Baum, kein Strauch. Viele, sehr viele Kurven müssen durchfahren werden, bis wir uns wieder in Vegetationsgebiet befinden. Langsam wechselt der Bewuchs von Moos über Gräser zu kleinen krummen Birken, dann weiter über Tannen zu Mischwald, um am Ende die Augen mit blühenden Blumen und Obstgehölzen zu verwöhnen.

Auf Höhe Null-Null am Meer sind wir angelangt und benutzen die E6 geradewegs nach Norden. Ein Stück fahren wir noch bis nach Nordjosbotn, um hier auf einem kleinen, sehr familiären Campingplatz zu übernachten. Man spricht hier wie im übrigen Land sehr gut Deutsch, jedenfalls wird es versucht.

An unserem Gasherd hat sich ein Brenner stark verformt, was zur Folge hat, dass das Gas an nicht vorgesehenen Stellen austritt. Im Ort finden wir einen Laden, der Campingartikel vertreibt. Doch genau die von uns gewünschte Größe hat der Verkäufer nicht mehr vorrätig. Er bietet jedoch an, bis spätestens in zwei Tagen aus Narvik etwas in der Art zu beschaffen. Ich lehne dankend ab, denn so viel Zeit haben wir nicht. Wir wollen doch zum Nordkap, und das sind noch ein paar Kilometer. Mit Feile und Schmirgelpapier kann ich den Schaden provisorisch beheben.

Unsere nächste Übernachtung erleben wir auf einem sehr schönen Campingplatz in Alta. Hier können wir rund um die Uhr Zeitung lesen, denn die Sonne geht nicht mehr unter. Mitten in der Nacht fotografieren wir einige interessante Dinge auf dem Platz. So befindet sich zum Beispiel neben dem Wohnmobil ein Pfosten mit vielen Wegweisern. Auf denen steht die Entfernung nach Moskau 2400 km, nach Rom 4200 km, Berlin 2700 km, Paris 3550 km. Nach Oppenhausen sind es 3200 km. Auch die Entfernung zum Nordkap ist angegeben, nämlich nur noch 235 Kilometer. Das schaffen wir morgen ganz bestimmt mit einem Rutsch.

Der nächste Morgen erwartet uns mit ziemlich diesigem Wetter. Während der Weiterfahrt können wir die Gipfel der Berge nicht sehen. Sie haben sich in die Wolken verkrochen. Die Straße schlängelt sich nun in immer engeren Kurven an der Küste entlang. Hin und wieder müssen wir auch durch den ein oder anderen Tunnel fahren. Sie sind nicht beleuchtet, dafür aber umso enger. Hoffentlich begegnet uns kein Radfahrer, denn ich glaube, ich würde ihn glatt übersehen in dieser Dunkelheit. Helga fragt mich mehrmals, ob das Licht am Auto defekt ist, weil sie die Lichtkegel kaum ausmachen kann. Als wir dann wieder über einen Pass fahren, verschwinden wir in den Wolken. Man könnte glauben, es wäre eine Fahrt durch ein riesiges Milchfass. Oder haben wir etwa ein Betttuch vor der Windschutzscheibe? Hoffentlich bessert sich das Wetter, bis wir am Nordkap sind. Es sind nur noch ein paar Stunden bis dahin.

Die Kilometer ziehen sich wie Kaugummi. Nun kommen wir auch noch in eine Baustelle. Sie ist unglaubliche dreißig Kilometer lang, und außer einem Schild am Anfang und einem am Ende wird nichts geregelt. Die alte Fahrbahndecke wird abgefräst und wieder neu aufgebaut. Die Arbeiter bewegen sich mit ihren Geräten und Fahrzeugen, als ob sie alleine auf der Welt wären. Doch auch diese fast ganz im Schritttempo gefahrenen dreißig Kilometer gehen einmal zu Ende. Und am Ende sind wir jetzt hier, am Ende vom Festland. Das Nordkap liegt nämlich auf einer Insel.

Bis voriges Jahr fuhr noch eine Fähre die Touristen hin und her. Nun müssen wir einen Tunnel benutzen. Aber der flößt einem Respekt ein. Dieser Tunnel führt sieben Kilometer weit und zweihundertsechzig Meter tief unter dem Meer hindurch. Dabei bewältigt unser Fiat, der sich bisher so tapfer geschlagen hat, die mehr als zehnprozentige Steigung stöhnend im zweiten Gang. Ich selbst komme ins Schwitzen und beuge mich, um mitzuhelfen, ungewollt nach vorne, als wollte ich schieben helfen. Doch auch dieser Tunnel hat ein Ende, und somit befinden wir uns auf der Insel Mageröya. Diese brauchen wir nur noch zu überqueren, dann sind wir da. Dreißig lange Kilometer, vorbei an Rentierherden, Schneefeldern und stahlblauen Seen. Doch hierfür habe ich im Moment kein Auge, denn ich habe eine weiße Kuppel gesehen. Helga da, da ist es, da vorne, wo die weiße Kuppel ist. Siehst du sie denn nicht? Da, jetzt kann man schon den Parkplatz mit vielen Wohnmobilen sehen. An der Schranke bezahlen wir den Eintritt und können nun in aller Ruhe das Nordkap erobern.

Das Nordkap

Ich bin am Nordkap! Ja, wir haben es geschafft. Der vierte Versuch ist gelungen, und wir schauen über den Felsrand in die Tiefe auf das stahlblaue Eismeer. Wirklich, besser kann man es nicht treffen: Sonnenschein pur, keine einzige Wolke am Himmel, angenehme Temperaturen und eine Fernsicht, ja wenn die Erdkrümmung nicht wäre, könnte man fast bis an den Nordpol sehen.

Im Eiltempo stelle ich das Wohnmobil zum Übernachten auf Keile und Stützen, um anschließend den ersten Erkundungsgang an unserem Reiseziel zu unternehmen. Bewaffnet mit Fotoapparat, Videokamera und Fernglas überqueren wir den großen Parkplatz in Richtung eiserne Weltkugel. Das Wahrzeichen des Nordkaps, welches wohl jeder kennt. Diese aus Eisenbändern erstellte Kugel ist auf einem Betonsockel installiert, der sich ausgezeichnet für Erinnerungsfotos als Podest eignet. Auch wir machen vielfachen Gebrauch hiervon. Mit und ohne Charly. Mit und ohne Helga. Auch ich werde auf einige Bilder gebannt, um die Erinnerung an das Großereignis festzuhalten und auch den daheim Gebliebenen zu beweisen: Wir waren am Nordkap.

Der weitere Rundgang führt uns durch das Gebäude, dessen weiße Kuppel wir aus der Ferne schon bewundert haben. In großen hellen Räumen bestaunen wir viele Einrichtungen. Zuerst betreten wir ein halbrund angelegtes Restaurant mit freier Sicht über die Barentssee. Danach durchstreifen wir einen riesigen Souvenirladen, in dem wir für fast alle Bekannten und Verwandten Ansichtskarten erstehen. Auch für mich kaufe ich eine Nordkap-Kaffeetasse, deren Platz für alle Zukunft in meinem Büro sein wird. Bestückt mit viel sinnvollen und unsinnigen Mitbringseln durchstreifen wir weiter die Sehenswürdigkeiten.

Eine lange breite Treppe führt uns in tiefere Gefilde. Durch angenehme, gedämpfte Musik, ich glaube es ist die „Morgenstimmung" von Edvard Grieg, werden wir immer weiter nach unten in den Berg gelockt. Eine Küstenlandschaft hinter Glas mit allem möglichem Getier können wir am Treppenende bewundern, bevor der Stollen die Richtung ändert und uns weiter in den Berg leitet. Linker Hand wird unsere Aufmerk-

Traumziel vieler Reisemobilisten: Die „eiserne Weltkugel" am Nordkap

samkeit auf eine Ausstellung gelenkt, bei der es viele Exponate aus China zu bestaunen gibt. Doch gegenüber lockt schon eine in den Fels gemeißelte Kapelle, die einen ganz andächtig macht, mit all ihrer Schlichtheit und Ruhe. Nach dem Besinnlichen folgt augenblicklich das laute und weltliche Leben. Wir betreten eine Bar, deren Wände an drei Seiten aus nacktem Fels bestehen. Die vierte Seite ist aus Glas. Das Besondere daran ist, dass dieses Riesenfenster genau nach Norden weist und somit um vierundzwanzig Uhr der Blick genau, wenn nicht hinter Wolken versteckt, in die Mitternachtssonne gelenkt wird. Hier soll es üblich sein, jedenfalls steht es so in den Prospekten, dass man in dieser Bar um Mitternacht Kaviar und Sekt genießen muss. Es ist noch nicht Mitternacht und so setzen wir unseren Rundgang unter dem Nordkap fort. Menschengedränge stoppt unser Vorwärtskommen. Da die Neugierde auch uns nicht fremd ist, erfahren wir bald, dass sich vor der Menschentraube der Eingang zu einem Rundumkino befindet. Wir lassen uns von dem Besucherstrom mit in den Kinosaal treiben. Hier läuft ein Film auf der riesigen Leinwand, der das Nordkap aus der Vogelperspektive darstellt. Die Rundumsicht und entsprechende Akustik vermitteln dem Kinobesucher den Eindruck, dass er selbst mitfliegt.

Nach der Vorführung schlendern wir über das Felsplateau wieder zum Wohnmobil zurück. Kaffee trinken und aus dem Fenster auf das Eismeer schauen, was will ich mehr? Es wird vierundzwanzig Uhr, und die Anzahl der Menschen steigt ständig. Es sind mittlerweile mehrere hundert wenn nicht gar tausend. Die meisten nutzen die Gelegenheit und schießen viele Erinnerungsfotos. Helga versucht auch mich zum Fotografieren zu animieren, doch ich bleibe immer noch im Auto sitzen und beobachte die Leute, die da draußen bei schönstem Wetter, aber eisigem Wind die Mitternachtssonne am Nordkap fotografieren.

Um viertel vor eins bewaffne auch ich mich schließlich mit Fotoapparat und Videokamera und begebe mich nach draußen. Wir sind nur noch etwa ein dutzend Leute, als es ein Uhr wird. Nur so wenige haben daran gedacht, dass wir Sommerzeit haben und die Uhr um eine Stunde vorgestellt ist. Jetzt haben wir in Wirklichkeit erst Mitternacht. Es ist sehr windig und ich habe große Mühe, die Kamera ruhig zu halten. Neben mir geht es einem Schweden nicht viel besser. Wir kommen bei unserer Betrachtung ins Gespräch und bewundern dabei das ideale Wetter und die herrliche Aussicht. Er erklärt mir, dass sein Schwager, der da vorne am Zaun stehe, in Tromsö wohnt und schon über siebzig Jahre alt ist. Er war schon sehr oft hier oben, aber habe noch nie das Nordkap bei klarer Sicht erlebt. Die meiste Zeit im Jahr ist die Landschaft und das Meer in Dunst und Nebel verborgen. Insofern sind wir richtige Glückspilze. So fühle ich mich auch. Im Moment wüsste ich nicht, was ich mir noch wünschen sollte.

Langsam bewegt sich die glutrote kugelrunde Sonne wieder weiter am Horizont nach oben. Der Abstand zwischen Meer und Sonne vergrößert sich zusehends. Ich mache noch ein paar abschließende Bilder und ziehe mich ins Wohnmobil zurück. Hier diskutieren wir noch eine geraume Zeit über das eben Erlebte. Eigentlich brauche ich heute Nacht überhaupt nicht zu schlafen. Da ich das Erlebte nicht für mich allein behalten kann, oder weil es einfach zu viel ist, schreibe ich mit meinem Handy an alle, deren Nummer ich bei mir habe, eine SMS, um sie an meinem Erlebnis teilhaben zu lassen. Zugegeben, auch um sie neidisch zu machen. Es ist fast vier Uhr, als ich mich zu Bett begebe. Das heißt aber nicht, dass ich sofort einschlafe.

Fast ist es Mittagszeit, als wir nach einem nochmaligen Rundgang über das Nordkap das Wohnmobil Richtung Süden, also Richtung Heimat in Bewegung setzen. Jetzt bleibt auch Zeit, die Landschaft dieser Insel zu bestaunen. Hier und da liegt immer noch Schnee. Dazwischen auf den zart grünen Wiesen tummeln sich kleine Rentierherden. Bald sind wir in Honigsväg und verlassen durch den Tunnel unter dem Meer hindurch die Insel mit dem Nordkap, dem Ziel meiner Träume.

Etwa einhundertfünfzig Kilometer fahren wir auf der E6, immer am Wasser entlang, Richtung Süden, bis wir uns in Skaidi entschließen, die nördlichste Stadt der Welt, Hammerfest, zu besuchen.

Zuerst machen wir eine Erkundungsfahrt durch die gesamte Stadt, bevor das Wohnmobil auf dem Campingplatz für die kommende Nacht aufgebaut wird. Hierbei fallen uns die sehr bunten Holzhäuser auf, die für Hammerfest typisch sind. Nach dem Abendessen setzen wir uns zur Innenstadt mit Dackel Charly an der Leine in Bewegung. Weit ist der Weg nicht, denn der Campingplatz liegt fast in der Stadtmitte an einem

Hammerfest, nördlichste Stadt der Welt

kleinen See. Aber wir staunen nicht schlecht, als wir auf dem Weg zum Hafen einigen Rentieren begegnen, ja um sie herumgehen müssen, die in den Vorgärten der Wohnhäuser grasen und auf den Straßen spazieren gehen. Im Hafen bietet sich uns das übliche Bild. Schiffe werden beladen, Gabelstapler fahren klappernd an der Kaimauer entlang und ein starker Fischgeruch liegt über alledem. Die ständige Abwechselung führt dazu, dass erst der Blick zur Uhr uns die sehr weit fortgeschrittene Zeit feststellen lässt. Dunkel wird es hier um diese Jahreszeit ja nicht. Und wenn dann auch noch die Sonne scheint, verliert man jegliches Zeitgefühl. So ist es schon sehr spät, bis wir an unser rollendes Schlafzimmer zurückkommen. Doch auch hier belagern die Rentiere die Gegend. Sie streichen um das Wohnmobil herum und beeilen sich auch nicht beim Verlassen unseres Stellplatzes, als wir das Auto aufschließen wollen. Ich glaube, die meinen, dass sie die Herren dieses Landes sind.

Am nächsten Morgen fahren wir noch einmal durch die Stadt, und den Fjord begleitend streben wir wieder die E6 an. Diese kennen wir schon, doch anders als bei der Hinfahrt ist die Sicht nun hervorragend. Und so können wir die Schnee bedeckten Bergspitzen auch von der Küstenstraße aus sehen. Wie eine Postkartenidylle zeigt sich nun die

Landschaft. Das herrlich blaue Wasser, die Schnee bedeckten Berggipfel und das satte Grün der Wiesen, die uns auf der kurvenreichen Fahrt Richtung Süden begleiten.

So zuckeln wir in aller Ruhe die Strecke entlang bis nach Nordjosbotn. Ein Ort, in dem wir schon auf der Hinfahrt vor ein paar Tagen übernachteten. Ein Blick in die Karte und wir sind uns einig, dass noch ein Abstecher zu der etwa siebzig Kilometer entfernten Stadt Tromsö fällig ist. Nach dem Motto: Wenn wir schon mal hier sind, kommt es auf die paar Kilometer auch nicht mehr an. Übrigens ein Argument, das noch des Öfteren herhalten muss. Also verlassen wir die E6 Richtung Westen. Nach etwa zwei Kilometern passieren wir eine Straßenbaustelle, in der es ziemlich holprig vorwärts geht. Da, was ist das für ein Geräusch? Das wird ja immer schlimmer. Der Auspuff? Der Auspuff! Und das so weit weg von zu Hause und dann noch in der Baustelle. Hier ist auch kaum Platz zum Stehenbleiben. Aber was hilft es? Kaputt ist kaputt. Also werde ich ihn reparieren. Ich stelle den Wagenheber unter das Auto, während Helga das Warndreieck in sicherer Entfernung am Straßenrand aufstellt. Eigentlich ist die Reparatur nicht problematisch, wenn ich nur ein Stück Blech hätte. Mir kommt da eine Idee. Ich habe noch Dosenbier an Bord. Aber jetzt Bier trinken, das ist zu gefährlich. Es gibt da eine Möglichkeit. Widerwillig schütte ich eine Dose Bier in den Straßengraben. Mit Schere, Zange, etwas Draht und dem wertvollen Dosenblech kann ich den Auspuff notdürftig reparieren. Er ist zwar immer noch laut, schleift aber nicht mehr über die Straße. Bei der nächsten Tankstelle fragen wir nach einer Werkstatt. Die soll nach Auskunft des Tankwartes in Tromsö sein. Bis dort hin müssen wir aber noch mehr als sechzig Kilometer fahren. Ständig an den defekten Auspuff denkend machen wir uns auf den Weg. Mehr als einmal muss ich den Vorwurf hinnehmen, dass ich nicht zu Hause einen neuen Schalldämpfer eingebaut habe.

Tromsö liegt vor uns. Und was für ein Glück, direkt am Stadtrand entdecken wir eine größere Wohnmobilfirma. Jede Menge Wohnmobile mit einem Fiat darunter. Das wird klappen. Frohen Mutes – und schon etwas erleichtert – betrete ich die Werkstatt und finde auch gleich den Chef. Aber leider versteht hier keiner Deutsch. Deshalb geht's mit Händen und Füßen ans Werk. Das größte Problem habe ich, dem Meister das richtige Wort für den Auspuff zu erklären. Englisch versteht er, aber ich nicht. So zerre ich ihn nach draußen, lege mich auf den Boden unter unser Fahrzeug und klopfe gegen das kaputte Auspuffrohr. Hurra, das funktioniert. „Exhausterpipe" nennt er das Ding. Aber leider hat er für unseren Fiat keines. Er erklärt mir gestenreich, dass ich in Tromsö im Hafen einen Großhandel für Autozubehör finde. Dort soll ich hinfahren, einen kaufen, und wieder zurückkommen. Dann baut er mir den Auspuff in seiner Werkstatt ein. Damit wir die Zubehörfirma besser finden, schenkt er mir einen neuen Stadtplan und zeichnet den Weg ein.

Die Enttäuschung ist sehr groß, als wir erfahren müssen, dass dieser Auspuff leider auch in dieser Firma nicht vorrätig ist. Aber die Hilfsbereitschaft der Norweger wird auch hier wieder unter Beweis gestellt. Schnell hat der Verkäufer uns erklärt, wo wir um diese Zeit, es ist später Freitagnachmittag, noch eine Fiatwerkstatt finden können. Dazu müssen wir quer durch die Stadt. Am Flughafen entdecken wir die Werkstatt und sehen, wie man gerade Feierabend machen möchte. Auch hier bekommen wir die Hilfsbereitschaft der Menschen in diesem Lande zu spüren. Ohne lange zu zögern werden wir mit dem Fahrzeug auf die Bühne gebeten, und umgehend wird mit der Reparatur begonnen. Auch in dieser Werkstatt hat man den richtigen Auspuff nicht vorrätig. Man bietet uns einen Kaffee an, während die Chefin irgendwo in Tromsö ein spezielles Rohr organisiert, um den Auspuff zu reparieren. Es ist schon lange nach Feierabend, als wir die Werkstatt zufrieden verlassen und einen Campingplatz unweit der Stadtgrenze von Tromsö anfahren. Der ist zwar sehr teuer, doch wegen der so gut verlaufenen Reparatur erscheint es uns als ein kleines Übel.

Beim abendlichen Spaziergang über den Platz entdecken wir Leute aus Koblenz, die mit ihrem alten VW-Bus hier übernachten. Den Rest des Abends können wir einem Barden zuhören, der in unmittelbarer Nähe unseres Platzes seine Gesangs- und Gitarrenspielkunst unter Beweis stellt.

Den nächsten Tag verbringen wir in Tromsö. Wir schlendern über den Wochenmarkt und erstehen auch ein paar Mitbringsel für die Daheimgebliebenen. Insbesondere die Elch- und Rentierwurst erscheint

Hafen von Tromsö

uns als Souvenir besonders geeignet. Bepackt mit diversen Plastiktüten schlendern wir weiter und bestaunen eine Holzkirche. Leider nur von außen, sie ist zugeschlossen. Vor dem Denkmal des Polarforschers Amundsen bleiben wir einige Zeit stehen und bewundern dessen Leistungen an Nord- und Südpol. Mit der Besichtigung des Hafens schließen wir den Rundgang durch Tromsö ab.

Wir fahren weiter Richtung Süden, über die N6 bis kurz vor Narvik. Hier entschließen wir uns, diese Stadt nicht zu besuchen, sondern den Weg durch die Inselwelt der Lofoten zu fahren. Das wird schon bald belohnt. Auf den ersten Kilometern überrascht uns ein ausgewachsener Elch, der die Straße überquert. Wir müssen stehen bleiben, weil natürlich er Vorfahrt hat, und das auch ganz genau weiß. Er lässt sich enorm viel Zeit, so dass Helga in aller Ruhe den Fotoapparat auf ihn richten kann, um ein paar Bilder zu schießen.

Die Fahrt geht weiter durch die bizarre Welt aus Schnee bedeckten Bergen und glasklarem Meerwasser, über Brücken und durch Tunnel, deren Zahl wir uns unmöglich merken können. Bei strahlender Sonne und hohen Temperaturen erscheint uns diese Welt wie im Bilderbuch. Hier werden wahrscheinlich die Postkarten und Kalenderbilder gemalt.

Ein Elch quert gelassen die Straße

Bei Harstad suchen wir für heute einen Campingplatz, um zu übernachten und das Erlebte zu verarbeiten.

Am nächsten Morgen geht die Fahrt weiter durch das Labyrinth der Inseln über teilweise sehr enge und vor allen Dingen krumme Straßen. Immer wieder bleiben wir auf einem der vielen Parkplätze stehen und können uns kaum satt sehen an diesen herrlichen Naturbildern. Ich wünsche mir, Rentner zu sein, um die Zeit zu haben, alles ausgiebig bewundern zu können. Aber leider ist es noch nicht so weit, und so setzen wir unsere ach so kurze Reise fort.

Bei Storvagan übernachten wir. Früh am nächsten Morgen sitzen wir wieder im Führerhaus des Fiat und staunen uns weiter nach Süden. Alles geht einmal zu Ende, auch die Fahrt über die Lofoten. In Sorvagan ist noch Platz auf einer großen Autofähre, die uns nach Bodö ans Festland von Norwegen mitnimmt. Hier übernachten wir auf demselben Platz, auf dem wir schon vor sieben Jahren standen.

Die N6, die wir schon kennen, fahren wir mit ein paar kurzen Übernachtungsstopps durch bis nach Lillehammer. Eigentlich haben wir beide mit Sport nichts am Hut. Aber eine Skisprungschanze, auf der eine Olympiade ausgetragen wurde, wollen wir doch einmal sehen. Also fah-

Inselwelt zum Staunen: die Lofoten

ren wir nach dem Stadtbummel in Lillehammer in das Stadion hinein und beobachten hier, wie bei strahlendem Sonnenschein im Sommer von der Schanze gesprungen wird. Ohne Schnee! Kaum zu glauben.

Im Reiseführer wird auf eine Stabkirche bei Heddal aufmerksam gemacht. Das heißt für uns: nichts wie hin. Es bedeutet schon einige Kilometer Umweg, aber wenn man schon mal hier ist, sollte für eine Besichtigung eines solchen Objekts nichts zuviel sein. Also ab geht die Post. Wir fahren nach Heddal. Es regnet in Strömen, aber nichts hält uns davon ab, die Stabkirche zu bewundern.

Vier senkrechte Pfähle, Stäbe, bilden das Zentrum des Bauwerkes, um das der Rest gebaut wurde. Erst 1952 hat die Kirchengemeinde von Heddal den Wiederaufbau bewerkstelligt. Und so steht dieses hölzerne Monument in voller Pracht der Besichtigung und für Gottesdienste der Pfarrei zur Verfügung.

Die weitere Reise führt uns nun über die B40 und B35 zur Hauptstadt Norwegens, nach Oslo. Wir finden sogar einen kostenfreien Parkplatz direkt am Hafen. Nachdem wir uns mit Kameras und sonstigem Allerlei bepackt haben, laufen wir los und erobern das Hafenviertel und die Festung von Oslo. Die Millionenmetropole stellt sich als moderne,

66

Stabkirche in Heddal

aus viel Glas und Stahl errichtete Stadt vor. „Offen und weit" scheint die Philosophie der Stadtplaner gewesen zu sein. Wir finden aber auch Bauwerke, die schon etliche Jahre auf dem Buckel haben, wie die riesige Festungsanlage. Es gibt noch so viel zu sehen, aber leider laufen die Uhr und der Kalender immer weiter. Das heißt für uns weiterfahren.

Nach einer Nacht in Kungälv bei Göteborg verlassen wir am nächsten Tag über die Autofähre in Helsigborg Norwegen, mit der festen Absicht, wiederzukommen. Dänemark empfängt uns mit doch etwas preiswerterem Treibstoff. Deshalb ist erst einmal tanken angesagt. Auch beim anschließenden Lebensmittelkauf fließt das Geld wieder etwas langsamer durch die Geldbörse. Kurz vor Kopenhagen, in Närum, übernachten wir ein letztes Mal in Skandinavien, bevor wir am Dienstag, den 3. Juli 2001, nach dem Benutzen der Fähre in Puttgarden wieder deutsches Festland betreten.

Zuhause angekommen stellen wir uneingeschränkt fest: Der vierte Versuch war erst der erfolgreiche, der schönste, der erfahrungsreichste, der lehrreichste, der erlebnisreichste, der bewegendste, aber sicher nicht der letzte Versuch, den wir unternommen haben, ans Nordkap zu kommen.

Jugendtraum Peloponnes

Mit dem Caravan durch Griechenland

Marianne und Franz Schmöller, beide über 65 Jahre alt, haben ihre Jugendträume bis ins Alter nicht vergessen. Träume, die das junge Rosenheimer Paar auf Reisen in die Ferne lockten.

Erst jetzt, nach Familien- und Arbeitsleben in Rente, versuchen sie, ihre Träume aus jungen Jahren einzufangen. Das Nordkap war ihr erstes großes Ziel. Dann folgten ausgedehnte Reisen zum Peloponnes in

Griechenland und durch die Iberische Halbinsel.

Die Eindrücke in Griechenland fesselten Marianne Schmöller so sehr, dass sie beschloss, das Erlebte niederzuschreiben. Franz Schmöller oblag die Dokumentation mit der digitalen Kamera. Was zunächst nur fürs heimische Familienalbum gedacht war, wuchs sich zur handfesten Reisebeschreibung aus: den Blick primär auf Natur und historische Kunstschätze gerichtet, voller Sympathie und mit vielen persönlichen Tipps für Griechenland-Freunde.

Mit dem Caravan sind Schmöllers unterwegs, weil sie damit unabhängig sind. Früher musste das Unternehmer-Paar allzu oft gebuchte Bungalows und Hotels wieder abbestellen, verlor dabei Geld und Freude am Reisen, weil Unvorhersehbares Vorrang hatte. Schmöllers suchten und fanden für sich und die Familie eine flexible Lösung: Reisen im Wohnwagen.

Mal stand der Caravan in den nahen Alpen, mal am See, aber nie zu weit von zu Hause weg. Schmöllers verbrachten ihren Jahresurlaub im Wohnwagen, kurzfristig auch das eine oder andere Wochenende. Wintercamping war schon bald angesagt und gehörte zum festen Jahresreiseprogramm. Das Reisen im Caravan ging Schmöllers in Fleisch und Blut über – verständlich, dass sie auch im Rentenalter diese Freiheit des Reisens nicht missen möchten.

Hier ist die Freiheit unterwegs:

www.reisemobil-international.de

Soviel Spaß macht Camping:

www.camping-cars-caravans.de

Über 2400 Stellplätze auf 480 Seiten

€ 14,90 ISBN 3-928 803-19-0
www.bordatlas.de

Alles über die Lese®buch–Reihe:

www.reisemobil-international.de/leserbuch
oder
www.camping-cars-caravans.de/leserbuch

Spur der Freiheit

336 Seiten mit 60 Abbildungen, € 19,90
ISBN 3-928803-20-4
www.reisemobil-international.de/spur-der-freiheit.html

Cartoonbuch „Der ganz normale Carawahn"

100 Seiten mit 50 farbigen Cartoons, € 14,90
ISBN 3-928 803-12-3
www.reisemobil-international.de/postkarten

DoldeMedien
VERLAG GMBH